T0161634

DERNIERS TITRES PARUS

QU'EST-CE QUE LA MÉTAPHYSIQUE ?

CHEMINS PHILOSOPHIQUES

Collection dirigée par Roger POUIVET

Alain CAMBIER

QU'EST-CE QUE LA MÉTAPHYSIQUE ?

LIBRAIRIE PHILOSOPHIQUE J. VRIN
6 place de la Sorbonne,
PARIS V e

M. Schlick, *Le vécu, la connaissance, la métaphysique*
dans *Manifeste du Cercle de Vienne*, Paris, Vrin, 2010, p. 175-176

K. Popper, *Une épistémologie sans sujet connaissant* extrait de
La Connaissance objective, Paris, Aubier, 1991, p. 181-183

© *Librairie Philosophique J. VRIN*, 2016
Imprimé en France
ISSN 1762-7184
ISBN 978-2-7116-2701-1
www.vrin.fr

INTRODUCTION

LE NOM SI DÉCRIÉ DE MÉTAPHYSIQUE

S'intéresser à la métaphysique peut sembler aujourd'hui désuet : considérée comme nébuleuse et hermétique, n'est-elle pas synonyme de considérations aussi abstruses que vaines ? Ne serait-il pas plus pertinent de se limiter à des champs philosophiques plus sérieux ? Souvent assimilée à la pure spéculation, elle est volontiers raillée, à la manière des servantes Thraces qui se gaussaient de Thalès venant choir dans un puits, à force de lever la tête pour scruter le ciel [1]. Pourtant, non seulement la métaphysique s'enquiert des modalités du réel, mais elle peut offrir un intérêt pragmatique pour aider l'homme à s'orienter dans l'existence. Tel est le sens que donne Aristote à la suite de la mésaventure de Thalès, en en faisant une sorte de précurseur de « l'économie de la connaissance » : sa science des phénomènes célestes lui permit de prévoir une récolte exceptionnelle [2]. Ainsi, la spéculation métaphysique pourrait être utile à la spéculation

1. Platon, *Théétète*, 174a2, trad. A. Diès, Paris, Les Belles Lettres, 1965, p. 205. Sur les liens entre *theologia* et *meteorologia*, *cf.* A.-J. Festugière, *La Révélation d'Hermès trismégiste* II, Ap. III, Paris, Les Belles Lettres, 1981, p. 598-605.
2. *Cf.* Aristote, *Politique*, I, 11, 1259a6-a21, trad. J. Tricot, Paris, Vrin, 1970, p. 68.

économique. Mais n'est-ce pas aussi le cas pour l'art, la religion, la morale, la science, la technique, voire le droit et la politique? Le recours à la métaphysique n'est-il pas incontournable pour qui prétend philosopher?

AMBIGUÏTÉ DE LA NOTION DE MÉTAPHYSIQUE

La réflexion métaphysique a préexisté bien avant que son concept ne soit forgé. C'est à Andronicos de Rhodes – éditeur d'Aristote vers 60 av. J.-C. – que la tradition attribue la paternité du terme, pour désigner un ensemble d'écrits exprimant la pensée d'Aristote, sans pour autant relever de la physique, de la logique ou de l'éthique[1]. Il semble que ce soit par défaut que le terme de « métaphysique » ait été accolé à l'objet de ces traités spécifiques. Ces écrits difficilement classables avaient été jusque-là laissés sans titre. C'est dans la seconde moitié du I er siècle avant J-C que le titre « *meta ta phusika* » entre effectivement en usage avec Nicolas de Damas, à propos de l'édition d'Andronicos de Rhodes. Mais cette appellation présente-t-elle une valeur simplement classificatoire ou répond-elle à une intention doctrinale? Kant défend cette dernière option : « En ce qui concerne le nom de métaphysique, il n'y a pas lieu de croire qu'il soit né du hasard puisqu'il convient si exactement à la science en question : car puisque la nature se nomme *phusis* et que d'autre part nous ne pouvons parvenir aux concepts de la nature qu'au moyen de l'expérience, la science qui vient ensuite s'appelle : métaphysique (de *méta* en grec – *trans* en latin – et *physica*). C'est une science qui se trouve pour ainsi dire en dehors du domaine de la physique, au-delà

---

1. *Cf.* P. Aubenque, *Le Problème de l'être chez Aristote*, chap. 1, Paris, P.U.F., 1962, p. 21-44.

de celui-ci »[1]. Il entérine ici une interprétation qui va plus loin que la signification attribuée initialement à l'expression « méta-physique ». En s'attachant au sens le plus simple de la préposition *méta*, les premiers commentateurs n'y voyaient que l'indication d'un protocole chronologique à respecter : l'étude de la métaphysique viendrait nécessairement après la physique, dans l'ordre de progression de notre savoir. Pour Alexandre d'Aphrodise, parler de *méta*-physique signifiait qu'elle ne pouvait être abordée par un être humain qu'« après la physique », en respectant un « ordre pour nous (*pros hèmas*) »[2]. Le titre relèverait donc de la distinction entre ce qui est censé être premier « en soi » et ce qui est premier « pour nous ». Or, en précisant que la métaphysique aurait pour vocation de dépasser « l'expérience », Kant pointe ce qui, en soi, la différencierait radicalement de la physique et souligne cette prétention récurrente dont elle s'est souvent enorgueillie. La préposition *méta* renverrait plus à un ordre hiérarchique qu'à un ordre de succession dans la connaissance humaine. Le statut que s'accorde la métaphysique vaudrait comme éminence : elle se voudrait la science la plus haute, la plus estimable. La métaphysique caresserait l'ambition de viser ce qui est au-delà de la nature (« *hyper phusin* ») et de traiter des choses divines, entièrement séparées de la matière. Aristote lui-même semble l'avoir envisagé : « Existe-t-il ou non, à part des substances sensibles, une substance immobile éternelle ? Et, si cette substance existe, quelle est sa nature ? »[3]. Ainsi, ce qui pouvait sembler n'être qu'une post-physique serait, en réalité, « philosophie première » : « S'il n'y avait pas

---

1. Kant, *Les progrès de la métaphysique en Allemagne depuis Leibniz et Wolf*, trad. L. Guillermit, Paris, Vrin, 1968, p. 119, note 5.

2. Cité par P. Aubenque, *Le problème de l'être, op. cit.*, p. 32.

3. Aristote, *Métaphysique*, M, 1, 1076a10-12, Oxford classical texts, 1980, p. 262, trad. J. Tricot, Paris, Vrin, 1966, t. II, p. 715.

d'autre substance que celles constituées par la nature, la Physique serait la science première. Mais s'il existe une substance immobile, la science de cette substance doit être antérieure et doit être la Philosophie première » [1]. Celle-ci ne s'accomplirait finalement que comme théologie, considérée comme la plus digne des sciences théorétiques, au-dessus de la Mathématique et de la Physique.

MÉFIANCE VIS-À-VIS DE L'ABUS DE MÉTAPHYSIQUE

Assigner à la métaphysique la prétention de viser ultimement un objet aussi parfait ne fait toutefois qu'accroître la tension qu'elle recèle et fait d'elle une discipline particulièrement difficile, voire ésotérique. S'il s'agit effectivement de dépasser la nature, de quitter le sol familier de l'expérience, cette exigence d'abstraction nécessite une ascèse douloureuse, voire un effort surhumain ! Pour se livrer à l'excursion psychique qu'elle semble requérir, Platon exhorte à la pratique cathartique de la *mélètè thanatou* : s'exercer à mourir. Bigre ! Aristote lui-même reconnaît que si l'activité spéculative peut être considérée comme la plus excellente, elle n'est cependant praticable que « *mikron chronon* » [2], en un bref moment : « Une vie de ce genre sera trop élevée pour la condition humaine » [3]. Plutôt que de nous exhorter à vouloir défier la mort (« *athanatizein* »), Aristote nous invite plutôt à ne pas oublier d'assumer notre vie d'homme (« *anthropeuesthaï* ») [4]. N'est-ce pas le même

1. Aristote, *Métaphysique*, *op. cit.*, E, 1, 1026a29, trad. J. Tricot, p. 334.
2. Aristote, *Métaphysique*, *op. cit.*, L, 7, 1072b15, trad. J. Tricot, p. 681.
3. Aristote, *Éthique à Nicomaque*, X, 7, 1177b26, Oxford classical texts, 1970, p. 214, trad. J. Tricot, Paris, Vrin, 1967, p. 512.
4. Aristote, *Éthique à Nicomaque*, *op. cit.*, X, 1177b32 ; 1178b6, trad. J. Tricot, p. 513, p. 518.

conseil que Descartes prodigue ? Pour quelqu'un qui définit pourtant la métaphysique comme la racine même de la philosophie et des sciences [1], cela peut paraître surprenant. Mais il avoue que, si « les pensées métaphysiques, qui exercent l'entendement pur, servent à nous rendre la notion de l'âme familière », ce type de pensées n'a cependant jamais monopolisé son existence : « Je n'ai jamais employé que fort peu d'heures, par an, à celles qui occupent l'entendement seul ». Et Descartes de mettre en garde la princesse Elisabeth : « Comme je crois qu'il est très nécessaire d'avoir bien compris, une fois en sa vie, les principes de la métaphysique, à cause que ce sont eux qui nous donnent la connaissance de Dieu et de notre âme, je crois aussi qu'il serait très nuisible d'occuper souvent son entendement à les méditer » [2]. S'adonner excessivement à la métaphysique pourrait finalement nuire gravement à la santé !

La méfiance vis-à-vis de la métaphysique s'exprime donc au cœur même de la philosophie, au point que Kant se targue d'en faire la critique. Certes, le philosophe de Koenigsberg reconnaît cette « disposition naturelle de notre raison qui a donné naissance à la métaphysique, son enfant chéri ; engendrement qu'il faut attribuer, comme tout autre au monde, non pas à quelque hasard, mais à un germe d'origine » [3]. Le questionnement métaphysique témoignerait de notre destinée. Ainsi, l'élan métaphysique serait tellement inscrit dans notre *ADN* que nous serions susceptibles de faire de la métaphysique comme l'on respire : « Que l'esprit humain renonce un jour complètement aux recherches

1. *Cf.* Descartes, *Lettre-Préface* aux *Principes*, « Bibliothèque de la Pléiade », Paris, Gallimard, 1953, p. 566.
2. Descartes, *Lettre à Elisabeth du 28 juin 1643*, *op. cit.*, p. 1158-1160.
3. Kant, *Prolégomènes à toute métaphysique future*, trad. L. Guillermit, Paris, Vrin, 1986, p. 132.

métaphysiques, on ne peut pas plus s'y attendre qu'à nous voir un jour suspendre notre respiration pour ne pas toujours respirer un air impur »[1]. Mais alors pourquoi tant insister sur son caractère « irrespirable »? Car tel est bien le sort promis à la colombe imprudente censée illustrer les dérives de la spéculation : « La colombe légère qui, dans son libre vol, fend l'air dont elle sent la résistance pourrait s'imaginer qu'un espace vide d'air lui réussirait mieux encore. Pareillement Platon quitta le monde sensible parce qu'il posa de si strictes bornes à l'entendement, et se risqua au-delà, sur les ailes des idées, dans l'espace vide de l'entendement pur »[2]. L'élan métaphysique peut nous exposer à l'asphyxie. Kant incrimine surtout l'exaltation de l'intuition indicible comme expérience métaphysique ultime : « Qui ne voit ici le mystagogue, qui, non seulement s'exalte pour lui-même, mais en même temps appartient à une secte et, en parlant à ses adeptes plutôt que devant le peuple (par quoi sont compris tous les non-initiés), fait le supérieur avec sa prétendue philosophie »[3]. Il dénoncera férocement ce « saut périlleux » également revendiqué à son époque par Jacobi[4]. Kant stigmatise la métaphysique dogmatique qu'il assimile

---

1. Kant, *Prolégomènes*, *op. cit.*, p. 149. *Cf.* aussi E. Meyerson : « L'homme fait de la métaphysique comme il respire », *Essais*, Dijon, Editions universitaires de Dijon, Corpus, 2008, p. 156.

2. Kant, *Critique de la Raison pure*, Introduction, trad. A. J.-L. Delamarre, F. Marty, « Bibliothèque de la Pléiade », t. I, Paris, Gallimard, 1980, p. 764.

3. Kant, *D'un ton grand seigneur adopté naguère en philosophie*, trad. L. Guillermit, Paris, Vrin, 1968, p. 100.

4. Jacobi revendique cette « acrobatie » dans sa lettre du 30 mai 1817 (*Cf.* L. Guillermit, *Jacobi, David Hume et la croyance*, Paris, Vrin, 2000, p. 40, note 4 et Kant lui-même cité par A. Philonenko, dans *Qu'est-ce que s'orienter dans la pensée ?*, Paris, Vrin, 2000, p. 31).

à de la « *Schwärmerei* »[1], à de l'extravagance. Quand l'élan métaphysique verse dans l'enthousiasme mystique, c'est notre santé mentale qui est en péril. Ce goût hyperbolique de l'élévation ne peut conduire en philosophie qu'au vertige : Kant n'y voit que démission de la raison (« *Un-vernunft* »). Le penchant naturel pour la métaphysique devient ici le symptôme d'une « pulsion » délirante. La métaphysique aurait-elle nécessairement besoin de garde-fous ?

LES RAISONS DE SA TENDANCE À LA LOGOMACHIE

Le reproche fait à la métaphysique d'extrapoler ne peut être retenu : elle prend source dans les interrogations existentielles auxquelles chacun se retrouve confronté tôt ou tard. Les sujets qu'elle aborde nous interpellent quotidiennement : l'articulation de la vie et de la mort, de l'espace et du temps, des idées et de l'expérience, de la liberté et de la nécessité, du réel et du possible, etc. Mais ce qui semble rebuter le plus en métaphysique n'est autre que son penchant pour la logomachie. Alors qu'elle prétend développer des raisonnements apodictiques, la métaphysique semble souvent en rester à des formules creuses, voire incantatoires. Il suffirait ainsi de transformer en nom magique affublé d'une majuscule une simple notion pour prétendre résoudre un problème existentiel. William James pointe ce travers : « Le monde est toujours apparu tout naturellement comme une sorte d'énigme dont la clef devait se découvrir sous la forme de quelque mot, de quelque nom,

1. Kant, *Qu'est-ce que s'orienter dans la pensée ?*, *op. cit.*, p. 87 et commentaire du traducteur A. Philonenko p. 38. *Cf.* la définition du *Schwärmerei* dans la *Critique de la faculté de juger* : « Une illusion qui consiste à voir quelque chose au-delà de toutes les limites de la sensibilité, c'est-à-dire vouloir rêver d'après des principes », trad. A. Philonenko, Paris, Vrin, 1965, p. 111.

qui ferait toute la lumière ou toute la puissance voulue. Ce mot désigne le principe du monde ; et le posséder, c'est d'une certaine façon posséder le monde lui-même. « Dieu », « la Matière », « la Raison », « l'Absolu », « l'Énergie », voilà autant de noms qui sont autant de solutions »[1]. Cette mystification relève de la volonté d'avoir toujours le dernier mot, en s'en remettant à une prétendue réalité ultime censée tout expliquer. Or, c'est cette croyance qui induit les illusions de la métaphysique et galvaude son projet. Car un paradoxe fondamental la tenaille : plus elle entend isoler un élément premier et simple qui serait la clef de toutes les énigmes, plus elle prend le risque de verser dans un verbiage complexe et obscur.

C. S. Peirce exprime également la plus extrême méfiance vis-à-vis de ceux qui prétendent mettre au jour l'unique fondement qui servirait de base définitive à l'être comme au connaître. Comment éviter alors que le discours ne se contorsionne s'il s'agit, au bout du compte, de décrire de l'absolument singulier et du parfaitement simple, destiné à n'être appréhendé que par une intuition immédiate ? Paradoxalement, cette impasse concerne aussi bien les idéalistes qui postulent des entités transcendantes, que les nominalistes qui voudraient s'en tenir à des données de l'expérience immédiatement isolables et discernables. Ainsi sont renvoyées dos à dos aussi bien l'intuition supra-sensible d'un principe ultime que l'intuition sensible qui revendiquerait de s'en tenir exclusivement à des faits atomiques : dans les deux cas, cette prétendue intuition de l'ultime se perd dans « la nuit où toutes les vaches sont noires »[2]. L'intuition immédiate consiste à s'en remettre à une expérience privée, intime, incommunicable et à

---

1. W. James, *Le Pragmatisme*, trad. E. Le Brun, Paris, Flammarion, 1968, p. 53.
2. *Cf.* Hegel, *Phénoménologie de l'esprit*, trad. B. Bourgeois, Paris, Vrin, 1997, p. 65.

l'illusion d'une présence instantanée. Or, pour l'exprimer, ce type de métaphysicien recourt malgré tout au langage et met alors nécessairement son discours en porte-à-faux, puisqu'il prétend user de concepts pour forclore le concept. Car ou bien l'Ultime dont il veut parler n'est pour lui qu'un simple terme, auquel cas il n'aurait aucune dénotation et ne serait qu'un mot vide ; ou bien c'est un concept, mais voué à s'autodétruire, puisque ce qu'il vise est censé être au-delà du concept. Telle est bien l'ambiguïté entretenue, par exemple, par Descartes, lors de « l'expérience métaphysique » censée prouver l'existence de Dieu : il en arrive à soutenir que l'existence de Dieu serait tout à la fois concevable et incompréhensible [1]. La contorsion est ici poussée à son paroxysme : « Nous entendons ce fait même que nous ne comprenons pas Dieu » [2]. L'idée de Dieu comme substance infinie serait si exorbitante pour un esprit fini qu'elle serait vouée à rester incompréhensible : je peux la concevoir, sans pour autant la comprendre. Et concevoir clairement cette incompréhensibilité serait même un gage de vérité ! En guise d'expérience métaphysique probante, nous n'avons peut-être affaire ici – comme le souligne Peirce [3] – qu'à une simple dérivation psychologique que Descartes effectue à l'aune du « volume » de son esprit.

1. *Cf.* Descartes, *Réponses aux 1 re objections, op. cit.*, p. 352.

2. Descartes, *Lettre à Clerselier du 23 avril 1649*, A.T., V, Paris, Vrin, p. 356.

3. C.S. Peirce, *The Collected Papers*, vol 2. § 28 ; 2. 370 ; 6. 542 (vol 1-6 éd. par Ch. Hartshorne et P. Weiss, 1931-1935 ; vol. 7-8 éd. par A. Burks, Cambridge, Harvard University Press, 1958) : nous reprenons les traductions françaises de C. Tiercelin dans *La Pensée-signe : études sur Peirce*, Paris, J. Chambon, 1993 et *Peirce et le pragmatisme*, Paris, P.U.F., 1993 (selon l'usage, sont cités dans l'ordre le numéro de volume de l'édition originale, puis celui du paragraphe).

LE RECOURS À UN *TETRAPHARMAKON* SALUTAIRE

Pour se guérir de toute extravagance, il faut donc se méfier de ceux qui prétendent discourir sur l'existence d'un fondement ultime. Suspendre le discours à une intuition révélante conduit nécessairement à sa distorsion. Faire de la métaphysique une affaire sérieuse implique plutôt d'assumer pleinement la responsabilité de la démarche discursive, sans concession au mysticisme. Ce serait tyrannie de vouloir sortir chacun de son ordre ! Ainsi, Peirce établit un *tetrapharmakon* pragmatique pour désencombrer et assainir la métaphysique :

1. « Nous n'avons aucun pouvoir d'introspection, mais toute notre connaissance du monde intérieur est dérivée par un raisonnement hypothétique de notre connaissance des faits extérieurs. »

2. « Nous n'avons aucun pouvoir d'intuition, mais toute notre connaissance est logiquement déterminée par des connaissances antérieures.»

3. « Nous n'avons pas le pouvoir de penser sans signes.»

4. « Nous n'avons pas de conception de l'absolument inconnaissable. »[1]

Ces préceptes thérapeutiques visent à renoncer à tout mode de connaissance qui se voudrait absolument immédiat. Soucieux de sa discursivité, le projet métaphysique admet qu'il ne peut s'en remettre à une réalité singulière censée être pleinement en acte et autarcique. Or, cette limitation dans les prétentions de la métaphysique ne signifie en aucun cas son échec ! La réflexion métaphysique commence justement dès que nous comprenons que le réel qui nous entoure ne se réduit pas à sa littéralité stricte et à son idiotie muette. L'expérience gnoséologique du « général » s'articule sur

---

1. C.S. Peirce, « Some Consequences of Four Incapacities », *Journal of speculative Philosophy*, 1868, p. 140. *Cf.* site de M. Balat (http://www.balat.fr/spip.php? article470).

l'expérience ontologique incontournable du « vague ». Car nous ne faisons aucune expérience d'une présence singulière compacte, mais toujours d'un réel creusé par un champ de possibles. La chose en soi, la *res* qui passe pour être le noyau dur de la réalité ne présente jamais de contours bien distincts, mais s'ouvre sur de l'indétermination et rend légitime sa conceptualisation. Nous ne pourrions, par exemple, entendre une mélodie si nous nous en tenions exclusivement à chaque note, dans son instantanéité ponctuelle, car chacune implique la rétention de la phase de son précédente et la protention de celle qui la suit. Toute perception est déjà élargie, sur fond d'une continuité. De même, quand nous dénombrons des objets, nous ne nous en tenons jamais à une pure collection : si nous comptons, par exemple, des baleines et en dénombrons cinq, ceci n'est possible que parce que nous présupposons le concept de « baleine » et que nous reconnaissons ces baleines comme faisant partie d'une certaine classe d'objets. Donner un nombre est déjà énoncer quelque chose d'un concept [1]. Le général se révèle alors comme le pédoncule du particulier. L'expérience nous confronte toujours à de l'insaturé.

DU BON USAGE DE LA MÉTAPHYSIQUE

Ainsi, lorsque Peirce précise que la métaphysique n'est rien d'autre que « l'étude des caractères les plus généraux de la réalité », il faut prendre l'expression à la lettre. S'il y a un « élan » de la métaphysique, il consiste à reconnaître que rien de ce qui est réel ne possède des « angles nets » [2] : la

1. *Cf.* G. Frege, *Les Fondements de l'arithmétique*, § 47, trad. C. Imbert, Paris, Le Seuil, 1969, p. 176-177.
2. *Cf.* R. Rorty qui, avec Peirce, refuse de réifier comme « deux ensembles indépendants d'entités à angles nets, pleinement déterminés », aussi bien les universaux que les particuliers : cité par J. Bouveresse, *Le Mythe de l'intériorité*, Paris, Minuit, 1987, p. 578.

réalité ne se réduit jamais à un donné particulier actuel, mais le déborde toujours. La métaphysique commence dès lors que nous découvrons que la réalité ne se résume donc pas à la présence brute du réel. La difficulté de la métaphysique vient de là : elle nous enjoint de ne pas se contenter de l'*haecceité* des choses qui se présentent à nous, sans pour autant postuler nécessairement une réalité supérieure séparée et pleinement en acte. La réalité ne s'épuise jamais dans ses manifestations singulières immédiates et le réel participe de quelque chose de plus général qui le sous-tend. Si l'expérience sensible est incontournable, elle ne peut cependant faire oublier la réalité des possibles physiques non actualisés : au contraire, elle les présuppose. Dire qu'un diamant est dur, c'est affirmer que si on essayait de le rayer, il résisterait à la force exercée sur lui. Il s'agit là d'un énoncé conditionnel subjonctif qui indique une propriété générale qui persiste, même si le test n'a pas été accompli ou n'est plus exercé. De même, un grain de sel est soluble, qu'il soit jeté dans l'eau ou non. Quelqu'un qui voit ne perd pas la vue par le simple fait qu'il a vu. Ainsi, selon Peirce, tout ce qui existe *hic et nunc* est toujours entouré d'un halo de *would-be*. Or, le caractère majeur de ce *would-be* est sa généralité : la dureté du diamant réside dans la possibilité indéfinie qu'a le diamant de résister à tous les efforts fournis pour le rayer et cette possibilité revient à poser une constante générale du diamant, qui dépasse sa simple existence *hic et nunc*. La réalité est donc faite toujours d'une certaine marge d'indétermination constituée des potentialités que les choses recèlent : nous ne pouvons les saisir qu'à travers ce champ de possibles qui les taraude. Certes, la métaphysique extravague quand elle réifie et hypostasie ce débordement, mais elle est bien dans son droit lorsqu'elle traite du « vague » et du général, qui constituent l'étoffe de notre existence. Elle se présente elle-même comme une

« logique du vague », selon le célèbre oxymore de Peirce [1].
Ce vague n'est pas ici la renonciation au concept, mais
plutôt sa caution ; il n'est pas non plus un symptôme de
déréalisation, puisqu'il dénote la réalité du possible. Aussi
faut-il surmonter la dichotomie entretenue entre « le sens
du réel » et « le sens du possible », qui conduit à caricaturer
à la fois l'homme pragmatique et l'homme spéculatif.
Car, comme le dit Musil [2] : « Un événement et une vérité
possibles ne sont pas égaux à un événement et à une vérité
réels moins la valeur "réalité" ». La réflexion métaphysique
n'a pas seulement pour vocation de nous dire ce qui est
actuellement, mais en mettant au jour les potentialités
de notre monde, elle nous ouvre pragmatiquement aux
possibles : comme le précise Musil, « La terre n'est pas si
vieille, après tout, et jamais, semble-t-il, elle ne fut dans
un état aussi intéressant ». La métaphysique est capable de
s'articuler sur une « anthropologie pragmatique » [3].

---

1. C.S. Peirce, *The Collected Papers*, 5.505 ; 3.93, *op. cit.*
2. R. Musil, *L'homme sans qualités*, Paris, Le Seuil, 2011, p. 18.
3. C.S. Peirce a affirmé avoir trouvé chez Kant son inspiration
pragmatiste : celle-ci relève de la fameuse question qui traverse la
Critique de la faculté de juger : « Que m'est-il permis d'espérer ? ».
Dans une note de la *Première Introduction*, Kant s'emploie à réhabiliter
la fonction de l'impératif pragmatique qui « ne consiste pas seulement,
comme dans les impératifs techniques, à trouver la manière de réaliser
une fin, elle consiste aussi à déterminer ce qui constitue cette fin elle-
même », trad. J.-L. Delamarre, « Bibliothèque de la Pléiade », Paris,
Gallimard, 1985, *Œuvres philosophiques* II, p. 852-853.

CHAPITRE PREMIER

LE CARACTÈRE PROTÉIFORME
DU PROJET MÉTAPHYSIQUE

Même s'il est à l'origine de la notion de métaphysique, Aristote entretient l'ambiguïté lorsqu'il s'agit de définir son champ d'investigation. Il en donne tour à tour des acceptions différentes. Au premier abord, la métaphysique est définie comme voie d'accès à la sagesse, en tant qu'elle serait la science des premières causes et des premiers principes : elle s'affiche comme une étiologie supérieure[1]. Mais, elle est définie aussi comme la « science qui étudie l'être en tant qu'être et les attributs qui lui appartiennent essentiellement »[2] : la métaphysique se présente ici comme une ontologie[3]. Or, tout ce dont on dit qu'il « est » renvoie à ce qui est par excellence, l'« *ousia* » : « En vérité, l'objet éternel de toutes les recherches présentes et passées, le problème toujours en question : *qu'est-ce que l'être ?* revient à demander : *qu'est-ce que la substance ?* »[4]. C'est donc à l'étude des substances que devrait s'attacher la métaphysique : elle s'affirme également comme une

---

1. Aristote, *Métaphysique*, A, 1, 981b27-28, *op. cit.*, p. 10.
2. Aristote, *Métaphysique*, Γ, 1, 1003a20-21, *op. cit.*, p. 171.
3. Le terme aurait été créé au XVIIᵉ siècle en Allemagne par Rudolph Göckel ou Goclenius.
4. Aristote, *Métaphysique*, Z, 1, 1028b3, *op. cit.*, p. 349.

ousiologie. Enfin, la métaphysique prétend être la science de la substance qui vient en tête de toutes les substances, c'est-à-dire Dieu : la métaphysique se confondrait-elle alors avec la théologie [1] ?

LA MÉTAPHYSIQUE
COMME ÉTIOLOGIE SUPÉRIEURE ET THÉOLOGIE

Connaître consiste à chercher les raisons ou les causes des phénomènes qui nous entourent : « Nous estimons posséder la science d'une chose d'une manière absolue [...], quand nous croyons que nous connaissons la cause par laquelle la chose est, que nous savons que cette cause est celle de la chose, et qu'en outre il n'est pas possible que la chose soit autre qu'elle n'est » [2]. La marque de l'esprit scientifique est de comprendre que ce n'est pas le vent qui, en automne, est la cause véritable de la chute des feuilles, mais l'arrêt de la montée de sève. La science apparaît donc comme une étiologie, une recherche des vraies causes et l'exigence de connaissance implique de faire la part des choses entre l'apparence et l'essence, entre le circonstanciel et le substantiel. Dans le *Phédon*, Platon met en scène le reproche de Socrate à Anaxagore d'en être resté aux causes mécaniques [3]. Il établit une distinction fondamentale entre les causes adjuvantes – le « ce sans quoi » – et la cause véritable, c'est-à-dire « la cause pour laquelle telle chose est faite », en l'occurrence la cause finale. Les premières

1. « S'il existe une substance immobile, la science de cette substance immobile doit être antérieure et doit être la Philosophie première » Aristote, *Métaphysique*, E, 1, *op. cit.*, p. 334.

2. Aristote, *Seconds Analytiques*, I, 2, 71b9-12, trad. J. Tricot, Paris, Vrin, 1966, p. 7.

3. Platon, *Phédon*, 97d-98b, trad. L. Robin, Paris, Les Belles Lettres, 1970, p. 67-68.

ne constituent que des conditions nécessaires, mais non suffisantes. Cette théorie de la causalité est affinée par Aristote qui en répertorie quatre types : matérielle, efficiente, formelle et finale [1]. Il appert que les deux premiers se révèlent déficients pour rendre compte de la spécificité de la nature. Expliquer revient à mettre au jour les causes intelligibles : formelle et finale. Pour Aristote, le modèle de la science des causes est d'abord la Physique : la nature est tout ce qui vient à l'existence sans intervention humaine. Tout être qui possède en lui-même son principe de développement peut être considéré comme naturel, puisqu'il est autocinétique, à la différence d'un être artificiel. Du verbe *phueïn* qui signifie « éclore », la *phûsis* désigne ces processus d'épanouissement de formes intelligibles dans le monde sublunaire. La nature est donc le principe originaire du changement des choses : elle se distingue de la simple matière par le processus téléologique qui régit la déhiscence des formes intelligibles qui la caractérisent. Pour penser la nature, la problématique aristotélicienne se noue autour de l'articulation du couple conceptuel « matière/forme » sur celui de « puissance/ acte ». Tous les êtres naturels sont composés, c'est-à-dire organisés à la fois de matière (*hylè*) et de forme (*morphè* ou *eïdos*) et les formes intelligibles qui caractérisent les espèces organiques n'existent d'abord qu'en puissance dans la matière, pour ensuite s'épanouir jusqu'à manifester au plus haut point leur essence. Ainsi, chaque spécimen humain est tributaire de conditions matérielles ou des oaristys de ses parents, mais son auto-développement de l'état de fœtus à l'âge adulte est régi par un principe de finalité censé le conduire, à l'acmé de sa vie, à manifester son essence d'« animal doué de logos » [2]. Le but de la vie consiste ici en

---

1. *Cf.* Aristote, *Métaphysique*, A, 3 ; *Physique*, II ; *Seconds Analytiques*, I, 2.
2. *Cf.* Aristote, *Métaphysique*, H, 4, 1044a33-38, *op. cit.*, p. 470.

l'actualisation pleine de formes spécifiques qui sont alors dites en « entéléchie ». Même s'il peut subir des échecs résiduels, le processus d'épanouissement des formes célèbre l'ordre de la nature. La cause finale ou *télos* joue le rôle de centre organisateur d'un champ morphogénétique qui se déploie dans l'espace et le temps. Expliquer la nature ne peut donc se réduire à répertorier des causes subalternes, mais à saisir la cause première propre à une chose : la « *protè aïtia* », en l'occurrence la cause formelle et finale [1].

Mais la cause première propre à une chose spécifique n'est pas encore la cause première prise absolument : c'est le rôle de la métaphysique de se mettre en quête des premières causes et des premiers principes. Aristote précise en quoi la métaphysique s'assigne un objectif plus élevé : « Elle ne se confond avec aucune des sciences dites particulières, car aucune de ces autres sciences ne considère en général l'Être en tant qu'être, mais, découpant une certaine partie de l'Être, c'est seulement de cette partie qu'elles étudient l'attribut [...]. Et puisque nous recherchons les principes premiers et les causes les plus élevées, il est évident qu'il existe nécessairement quelque réalité à laquelle ces principes et ces causes appartiennent en vertu de sa nature propre » [2]. La métaphysique prétend alors poursuivre l'effort des autres sciences, en remontant à ce qui pourrait jouer le rôle de première cause et de premier principe. Ainsi, la physique d'Aristote s'achève sur une théologie qui permettrait de poser l'existence nécessaire d'un « premier moteur ». Si la nature se caractérise par sa propension au changement (« *métabolè* »), tout ce qui est mû l'est nécessairement par quelque chose, mais en dernière instance par un moteur non

---

1. « Nous ne pensons avoir saisi une chose que lorsque nous avons pénétré les causes premières » Aristote, *Physique*, I, 184a 13, trad. H. Carteron, Paris, Les Belles Lettres, 1966, p. 29.
2. Aristote, *Métaphysique*, Γ, 1, 1003a24-32, *op. cit.*, p. 173-175.

mû : tout comme la pierre est mue par un bâton, lui-même
« mû par la main, laquelle est mue par l'homme ; mais celui-ci meut sans être à son tour mû par autre chose »[1]. Le premier
moteur ne peut qu'être lui-même acte pur et immobile :
l'intellect impassible et sans mélange. Comment peut-il
mouvoir alors ? Il le fait comme un attracteur inspirant une
tension, un désir, une poussée, une « *ormè* » qui taraude tous
les êtres naturels, aux différents degrés de leur perfection[2].
Le premier moteur constitue le premier terme de la série
des mouvements naturels qui vont du mouvement circulaire
de la sphère des étoiles fixes jusqu'aux mouvements plus
dégradés, voire aberrants, de notre monde sublunaire[3] ;
mais il se présente lui-même comme immobile et séparé. En
partant du monde, on ne peut accéder par une voie logique
continue à un tel premier moteur qui à la fois constitue la clé
de voûte de la mutabilité et, en même temps, s'en distingue.
S'il y a bien une transcendance du premier moteur comme
principe ultime, celui-ci ne peut être alors appréhendé par
une raison discursive, mais par une raison intuitive. Aristote
souligne[4] que seul le *Nous* permet de saisir les principes
et fait de la raison intuitive le « principe des principes » :
elle est le couronnement de la science. Ainsi, la *sophia* est
à la fois « *nous* », en tant qu'appréhension des principes,
et « *épistémè* », en tant que science qui démontre des
vérités découlant des principes : « La sagesse est à la fois
science et raison intuitive des choses qui ont par nature la

1. Aristote, *Physique*, VIII, 256a, trad. H. Carteron, *op. cit.*,
p. 114-115.
2. *Cf.* Aristote, *Physique*, II, 192b18, trad. H. Carteron, *op. cit.*,
p. 59.
3. Aristote, *Métaphysique*, L 7, 1072b14, trad. J. Tricot, *op. cit.*, II,
p. 680.
4. Aristote, *Éthique à Nicomaque*, VI, 6 et *Seconds Analytiques*,
II, 19, 100b12-15.

dignité la plus haute »[1]. L'intellect noétique assurerait le parachèvement de la science et l'accession à l'être le plus sublime, par assimilation à son activité-actualité pure. Dieu, acte pur de la pensée[2], intellect pleinement en acte, est défini comme le vivant éternel parfait, délivré de tout élément matériel. Ce suprême intelligible est le souverain Bien, pôle d'aimantation ultime que chaque être aspire à imiter, à raison de son rang[3]. L'activité théorétique serait donc un modèle de perfection pour l'homme. Aristote suppose[4] qu'il y a une faculté noétique de l'âme qui n'est pas nature, qui ne se contente pas d'être principe d'animation de la vie organique, mais est capable de transcendance. La supériorité de l'activité contemplative se tient tout entière dans son objet et dans la façon avec laquelle nous l'appréhendons : « Cette activité est la plus haute, puisque l'intellect est la meilleure partie de nous-mêmes et qu'aussi les objets sur lesquels porte l'intellect sont les plus hauts de tous les objets connaissables »[5]. Alors que la connaissance des objets complexes s'effectue par le truchement du jugement, la connaissance des réalités simples relève de l'intuition : Aristote recourt ici à la même formule qu'utilisait Platon pour désigner notre contact avec l'au-delà de l'essence

1. Aristote, *Éthique à Nicomaque*, VI, 7, 1141b2-3, *op. cit.*, p. 291.

2. « L'Intelligence suprême se pense donc elle-même, puisqu'elle est ce qu'il y a de plus excellent, et sa Pensée est pensée de la pensée » Aristote, *Métaphysique*, L 9, 1074b34, *op. cit.*, II, p. 701. Ainsi, la théologie peut ici être prise pour la « science de Dieu », mais entendue comme un génitif subjectif.

3. « C'est de cette façon que meuvent le désirable et l'intelligible : ils meuvent sans être mus », Aristote, *Métaphysique*, L 7, 1072a27, *op. cit.*, II, p. 676.

4. Aristote, *Des Parties des animaux*, I, 641b9, Paris, Les Belles Lettres, 2003, p. 8.

5. Aristote, *Éthique à Nicomaque*, X 7, 1177a19-21, *op. cit.*, p. 509.

(« *épékeina tès ousias* ») [1]. Ainsi, cette étiologie supérieure qu'est la théologie exige un saut qualitatif et l'homme ne peut s'y adonner que furtivement. Comme le remarque Aristote : « Ce n'est pas en tant qu'homme qu'on vivra de cette façon, mais en tant que quelque élément divin est présent en nous » [2].

LA MÉTAPHYSIQUE DANS LES LIMITES DU DISCURSIF

Cependant, le Stagirite propose lui-même une autre approche de la métaphysique, moins suspecte de mysticisme. La définition de la métaphysique comme « science des premières causes et des premiers principes » est ambiguë : peut-on assimiler légitimement les premières causes aux premiers principes ou faut-il les distinguer ? Faut-il chercher un seul principe ultime ou, au contraire, en admettre plusieurs ? Car la notion de principe peut présenter un caractère spécifiquement onto-théologique, mais elle renvoie aussi au champ épistémologique. Si un principe est considéré comme étant nécessairement hors démonstration, faut-il renoncer pour autant à toute raison discursive pour l'établir ? Aristote ne rompt jamais avec une approche strictement discursive ou dianoétique. Certes, les sciences se donnent un objet qui reste attaché, pour chacune, à un genre : « Toute science discursive [...] traite de causes ou de principes plus ou moins rigoureux. Mais toutes ces sciences, concentrant leurs efforts sur un objet déterminé, s'occupent de cet objet, et non pas l'Être pris absolument, ni en tant qu'être, et elles n'apportent aucune preuve de l'essence » [3]. Non seulement les sciences particulières ne remontent pas

---

1. *Cf.* Platon, *République* VI, 509b, trad. E. Chambry, Paris, Les Belles Lettres, 1967, p. 139.
2. Aristote, *Éthique à Nicomaque*, X, 7, 1177b27, *op. cit.*, p. 512.
3. Aristote, *Métaphysique*, E, 1, 1025b6-13, *op. cit.*, I, p. 326-327.

jusqu'aux principes premiers, mais elles ne démontrent pas leurs propres principes épistémologiques. Or, l'exigence fondamentale de toute démonstration est la cohérence et la rigueur qui rattachent une proposition aux propositions qui la fondent : le problème de la valeur des « vérités premières », des propositions initiales auxquelles réfère en dernière instance toute démonstration apparaît donc incontournable. S'il est vrai qu'à vouloir tout démontrer, on ne démontre rien[1], nous devons nous arrêter à des propositions qui sont vraies sans démonstration véritable, mais celles-ci ne sont pas pour autant des intuitions. Au premier rang de ces principes se trouvent, pour Aristote, les définitions réelles. À la différence d'une simple définition nominale, la définition réelle (*horismos*) joue un rôle fondamental dans le système de la science, puisque c'est elle qui fait passer du « *Todé ti* » factuel et antéprédicatif à l'objet proprement scientifique. Elle est « formule de l'essence »[2], « formule qui rend manifeste la quiddité de la chose »[3] : expression discursive « ramassée » de la cause. Alors qu'une définition nominale ne fait que désigner, la définition réelle se présente « comme une démonstration de l'essence » : elle expose la raison d'existence de la chose. Les définitions qu'utilisent les sciences relèvent donc toujours d'un *logos* discursif, qui vaut comme schème de la substance, par le moyen duquel le *Todé ti*, le « quelque chose » devient accessible à l'exploration déductive.

---

1. Ou nous continuons de vouloir démontrer une vérité à partir d'une autre indéfiniment et la démonstration demeurera insuffisamment fondée ; ou nous nous arrêtons : *ananké sthénaï*. « Il est absolument impossible de tout démontrer : on irait à l'infini, de telle sorte que, même ainsi, il n'y aurait plus de démonstration » Aristote, *Métaphysique*, Γ, 4. 1006a9, *op. cit*., I, p. 197.

2. *Cf.* Aristote, *Seconds Analytiques*, II, 10, 93b29, *op. cit*., p. 194.

3. Aristote, *Topiques*, VII, 3, 153a15, trad. J. Tricot, Paris, Vrin, 1965, p. 298.

Dans cette perspective, la métaphysique offre certes une autre ambition, mais qui reste dans les limites du discursif : remonter aux principes épistémiques fondamentaux qui commandent toutes les sciences. La métaphysique se donne donc pour but de donner « une tête » au corps des sciences [1]. Or, si ce qui est objet de science est le démontrable, le principe commun le plus fondamental n'est autre que le principe de non-contradiction [2]. C'est le plus assuré de tous les principes, en sorte qu'il peut être défini comme non-hypothétique : tout discours rationnel y recourt. De ce principe il ne peut y avoir de démonstration directe, puisque pour ce faire il faudrait encore le présupposer, en effectuant une pétition de principe [3]. Mais cela ne signifie pas qu'il faille renoncer à toute démonstration : « Il est cependant possible d'établir par réfutation l'impossibilité que la même chose soit et ne soit pas, pourvu que l'adversaire dise seulement quelque chose » [4]. Dès lors que quelqu'un parle, il est possible de lui montrer qu'il se contredit éventuellement : dialoguer impose la reconnaissance du principe de non-contradiction. De plus, le principe de non-contradiction ne fonde pas seulement l'exercice de la pensée discursive : dans la réalité, il concerne les rapports entre être et ne pas être [5]. Ce principe de non-contradiction présente donc d'abord une portée ontologique : il est l'autre face complémentaire du principe d'identité qui pose que quelque chose est ce qu'elle est, que $A=A$ [6]. La négation du principe de contradiction a été attribuée à Héraclite qui proclamait

1. *Cf.* Aristote, *Éthique à Nicomaque*, VI, 7, 1141a17-20, *op. cit.*, p. 290.
2. Aristote, *Métaphysique*, Γ, 3, 1005b19-20, *op. cit.*, I, p. 195.
3. Aristote, *Métaphysique*, Γ, 3, 1006a8-9, *op. cit.*, I, p. 197.
4. Aristote, *Métaphysique*, Γ, 4, 1006a12, *op. cit.*, I, p. 198.
5. Aristote, *Métaphysique*, Γ, 4, 1006a29-30, *op. cit.*, I, p. 200.
6. « Pas d'entité sans identité » W.V.O. Quine, *Relativité de l'ontologie*, chap. 4, trad. J. Largeault, Paris, Aubier, 1976, p. 69.

que *panta rheï* : toutes les choses s'écoulent et se succèdent de manière évanescente. Dans une telle perspective où rien ne serait de manière stable, où l'être ne serait qu'apparence éphémère, toute science serait elle-même vaine et justifierait de s'en tenir – selon Gorgias [1] – à un simple art de persuader. Pour poser que quelque chose est et que la connaissance est possible, il faut, au contraire, supposer le principe de non-contradiction. C'était déjà en effectuant un raisonnement par « *élenchos* » – par réfutation – que Socrate montrait les limites du relativisme radical de Protagoras [2], au point que le « fluent » relativiste est voué à se condamner au silence et à la violence.

DE L'ONTOLOGIE À L'OUSIOLOGIE

Ce lien entre métaphysique et raison discursive trouve son accomplissement dans la fameuse définition aristotélicienne de l'être comme « *pollakôs legomenon* » [3] : ici l'étude de l'être relève nécessairement de l'ordre du discours, puisqu'il se dit en plusieurs sens, se prend en plusieurs acceptions. Si le principe de non-contradiction fait l'objet de cette science première qu'est la métaphysique, c'est qu'il révèle la structure fondamentale de l'être : sa discursivité. L'être n'est pas plus univoque que, par exemple, le blanc. « Blanc » signifie quelque chose d'un en tant qu'il désigne une couleur définie, mais cette signification une du blanc n'empêche pas « que les objets blancs soient multiples et non pas un » : ce qui est blanc ne se réduit pas à être blanc, mais peut être en outre marbre, cygne, lait, neige, etc. Il faut donc admettre que le blanc n'est pas transcendant aux objets blancs et

1. Gorgias, « Traité du non-être », dans M. Untersteiner, *Les Sophistes*, I, trad. A. Tordesillas, Paris, Vrin, 1993, p. 207-252.

2. *Cf.* Platon, *Théétète*, 171a, *op. cit.*, p. 200.

3. Aristote, *Métaphysique*, Γ 2, 1003a33, *op. cit.*, p. 176.

que l'unité du blanc ne contredit pas à la multiplicité des objets blancs. De même, l'unité de l'être est compatible avec la multiplicité des êtres, sans pour autant poser qu'il existe à part, en dehors des êtres particuliers. C'est ce que Parménide – pourtant « père » de la réflexion métaphysique sur l'être [1] – n'avait pu prendre en compte. En restreignant l'être à l'Être même, en opposition absolue au non-être, il s'était mis dans l'impossibilité de dépasser la tautologie, du type $A=A$. Ce fut le mérite de Platon de commettre le « parricide » [2] et de faire admettre que l'être pouvait être autre qu'il n'est, en reconnaissant l'entrelacement [3] (*prôtè symplokè*) entre l'être et le non-être, sous la forme de l'identité et de l'altérité. Platon était alors passé d'un modèle métaphysico-optique suspendu à l'époptie du Bien à un modèle métaphysico-linguistique fondé sur la proségorie, c'est-à-dire la proposition attributive du type « *S est P* ». Aristote a repris à son compte cette critique des Éléates : s'en tenir à l'unité de la signification implique de restreindre l'être à l'être absolu et de considérer que l'être ne pourrait appartenir à rien d'autre [4]. Or, si on ne peut rien attribuer à l'être, il est aussi bien non-être : « L'être n'est rien, puisqu'il

---

1. « Les deux seules voies de recherche à concevoir : la première – comment il est et qu'il n'est pas possible qu'il ne soit pas – est le chemin auquel se fier – car il suit la Vérité –. La seconde, à savoir qu'il n'est pas et que le non-être est nécessaire, cette voie, je te le dis, n'est qu'un sentier où ne se trouve absolument rien à quoi se fier » Parménide, *Poème*, fragments II, trad. J. Beaufret, Paris, P.U.F., 1986, p. 79.

2. *Cf.* Platon, *Le Sophiste*, 256e et surtout 241d : « Il nous faudra nécessairement, pour nous défendre, mettre à la question la thèse de notre père Parménide et, de force, établir que le non-être est, sous un certain rapport », trad. A. Diès, Paris, Les Belles Lettres, 1963, p. 371, p. 344.

3. Platon, *Le Sophiste*, 259a ; 262c, *op. cit.*, p. 380.

4. *Cf.* Aristote, *Physique*, I, 3, 186b1-2.

n'est pas quelque chose »[1]. Pour sortir de cette nouvelle impasse, il faut entendre l'être non pas comme position absolue de l'existence (par laquelle on affirme qu'un être est, sans pouvoir dire autre chose), mais comme copule neutre dans une proposition attributive : l'être ne peut prendre de sens absolu lorsqu'il énonce, non que l'être est, mais ce qu'il est. Si le tort d'Héraclite est d'avoir escamoté le principe de non-contradiction, la thèse absolutiste de Parménide conduit également à la contradiction en refusant d'admettre que l'être puisse être autre. Ainsi, l'être n'est pas univoque, mais équivoque. Cependant, admettre une équivocité totale conduirait à saper toute science. Certes, le signifié ultime d'un discours est radicalement multiple et voué à l'illimitation, puisqu'il s'agit de la multitude des individus existants ; mais l'exigence de signification implique l'exigence d'unité de la signification. Tout l'effort d'Aristote est alors de ramener les différents sens de l'être à des acceptions déterminées et en nombre défini. C'est là répertorier les « catégories » ou « prédicats », c'est-à-dire les différentes énonciations possibles que l'être comme copule est susceptible d'opérer à propos d'un sujet donné. Dire de Socrate qu'il est revient à énoncer simplement son existence sans rien signifier encore. En revanche, énoncer qu'il « est homme », qu'il « est vieux », qu'il « est en prison », etc., permet d'accéder à un véritable savoir. Et ces déterminations effectives de l'être-Socrate se réduisent à divers genres dont le système constitue la table des catégories ou prédicats : la qualité, la quantité, la disposition, le lieu, etc.[2] « *Kategorein ti kata tinos* », c'est attribuer quelque

1. Aristote, *Réfutations sophistiques*, 25, 180a34, trad. J. Tricot, Paris, Vrin, 1969, p. 113.

2. Aristote, *Métaphysique*, E, 2, 1026b : « Il y a les types de catégories, à savoir la substance, la quantité, le lieu, le temps, et tous les autres modes de signification analogues de l'Être », *op. cit.*, p. 335.

chose à quelque chose. Le pouvoir du langage est de nous faire passer de l'anté-prédicatif au prédicatif, au catégorial. Sans l'univers des mots et du symbolique, nous resterions condamnés à une expérience immédiate de ce qui nous entoure, sans y trouver de sens. Les noms propres jouent le rôle de déictiques : ils désignent, sans pour autant permettre de comprendre ce qu'ils indiquent. Si, dans le langage, le sens ne commence qu'avec les noms communs, ceux-ci visent à exprimer les catégories de l'être, à expliquer, par le discours, sa pluralité articulée. Or, les prédicats ne peuvent s'appliquer à Socrate qu'en tant qu'il est d'abord « homme ». Ainsi, « être homme » énonce l'essence de Socrate : il s'agit là du premier des prédicats qui permet l'unité des diverses significations de l'être. Les autres prédicats sont emportés dans la succession des contraires. L'essence pose l'identité de l'être à lui-même, mais celle-ci tolère, voire ne s'accomplit que dans la succession des contraires. Si Socrate comme existant est substance première singulière et séparée, sa substance seconde ou essence est d'être homme et relève de cette espèce universelle : à partir de cet invariant, les autres prédicats peuvent prendre sens et rendre pensable un existant, qui sans cela resterait ineffable. La catégorie de l'essence se démarque donc de toutes les autres catégories, en ce que celles-ci sont des affections de celle-là. Ainsi, Aristote glisse de la métaphysique comme interrogation sur l'être à la métaphysique comme questionnement sur l'essence ou la substance, comme ousiologie : « Le problème toujours en suspens : *qu'est-ce que l'être ?* revient à demander : *qu'est-ce que la substance ?* » [1]. Car les multiples significations de l'être présentent malgré tout une certaine unité, puisqu'elles sont toutes relatives à l'une d'entre elles qui est l'*ousia*.

---

1. Aristote, *Métaphysique*, Z, 1, 1028b4, *op. cit.*, p. 349.

La pluralité des significations de l'être relève d'une homonymie *pros hen*, c'est-à-dire d'une analogie d'attribution, qui se situe à mi-distance aussi bien d'une synonymie confuse que d'une homonymie arbitraire : car des choses peuvent avoir le même nom, sans avoir rien en commun (par exemple *kleis* qui, en grec, désigne aussi bien une clef qu'une clavicule). Entre les deux se situe donc une homonymie de convergence, qui réfracte une unité de sens. En dehors de l'homonymie accidentelle sur laquelle les sophistes ont surjoué, il y a donc une homonymie plus profonde, par analogie. Il ne s'agit pas de prétendre signifier des choses différentes, mais plutôt de montrer qu'une même chose peut être signifiée différemment, selon les catégories qui expriment les manières d'être différentes d'une même chose réelle : « Ce n'est pas parce que nous pensons avec vérité que tu es blanc que tu es blanc, mais c'est parce que tu es blanc, qu'en disant que tu l'es, nous sommes dans la vérité »[1]. La vérité ontologique détermine ici la vérité épistémique. Entre la multiplicité infinie des réalités individuelles singulières et les signes qui permettent de les désigner vient s'interposer la pluralité des significations : les catégories de l'être. L'essence constitue en elle-même le noyau dur de la signification, mais cette essence comme substance seconde présuppose la substance première qu'est l'individu singulier existant, toujours exposé au passage de la puissance à l'acte et à ses affections concomitantes. La discursivité possible de l'être s'enracine dans cette exposition de l'essence à l'existence[2] : dans le monde sublunaire, la substance n'en a jamais fini avec ses accidents.

---

1. Aristote, *Métaphysique*, Θ 10, 1051b7-8, *op. cit.*, p. 522.
2. « Le mouvement fait *exister* ce qui est » Aristote, *Physique* IV, 221b2, *op. cit.*, p. 155.

La métaphysique ne peut donc prétendre à une quelconque objectivité que si elle s'inscrit dans l'ordre du discours. Certes, nous prenons alors le risque de l'équivocité, de la contradiction, voire du pur non-sens : celui de confondre pensée et *flatus vocis*. Mais la métaphysique prend ce risque pour ne pas céder à l'illusion de la présence instantanée. Si le discours est une institution humaine, il n'est pas non plus le champ clos dans lequel les sophistes voudraient nous enfermer : il est aussi ce par quoi l'être se dit. Le discours apparaît certes tributaire de l'énonciateur qui enclenche les processus de signifiance, mais surtout de la référence qui détermine ses conditions de vérité. À la différence du discours qui ne produit d'effet que par la force performative de celui qui le tient, le discours apophantique s'emploie à dire ce qui est, dans sa complexité, à *ex-pli-quer* la texture du réel. Comme le dit Pierre Aubenque : « Dans le jugement, nous ne disons pas seulement quelque chose de quelque chose, mais nous laissons dire en nous un certain rapport de choses, qui existe en dehors de nous »[1]. Ainsi, il n'y a pas de métaphysique sans onto-*logie*, sans discours sur l'être. L'être est à dire, plutôt qu'à voir. Claudine Tiercelin précise : « En métaphysique, on cherche moins à dire ce qu'il y a qu'à déterminer le mode d'être particulier de telle ou telle chose ; c'est bien à la recherche de propriétés que nous partons, et pas de simples mots »[2].

---

1. P. Aubenque, *Le problème de l'être chez Aristote, op. cit.*, p. 167.
2. C. Tiercelin, *La Connaissance métaphysique*, Paris, Collège de France-Fayard, 2011, p. 56.

CHAPITRE II

METAPHYSICA GENERALIS VERSUS METAPHYSICA SPECIALIS

Si la métaphysique se veut science de l'être en tant qu'être, cette définition reste ambiguë : s'agit-il de l'être pris au sens absolu ou considéré dans son universalité ? Si la philosophie première vaut par la primauté de son objet, elle prétend alors dépasser les autres sciences et s'accomplit comme théologie. Mais, elle prend alors le risque de transgresser les critères de scientificité communs aux autres sciences et de privilégier exclusivement une région de l'être. En revanche, si la métaphysique étudie l'être dans son universalité, il ne peut plus s'agir de s'en tenir à un domaine spécial, mais plutôt de mettre au jour les réquisits communs à toute réalité. Ces deux voies possibles de la métaphysique – soit la science de l'être en tant qu'être, dans la généralité de ses déterminations, soit la science du principe de l'être, c'est-à-dire de ce qu'il y a de premier dans l'être – ont conduit à la distinction entre la *metaphysica generalis*, portant sur l'*ens commune*, et la *metaphysica specialis*, portant en dernière instance sur le *summum ens*, c'est-à-dire Dieu[1]. L'alternative pour la métaphysique est donc de

1. Cette distinction remonte au représentant portugais de la scolastique Benito Pereira, *De Communibus omnium rerum naturalium principiis et affectionibus, libri quindecim, Venetiis*, apud Andrean Muscium, 1591.

se présenter soit comme une science éminente, portant sur un genre particulier quoique supérieur de l'être, soit comme une science englobante, universelle, portant sur un être que sa généralité empêche d'être un genre spécial.

LE CLIVAGE ENTRE *METAPHYSICA GENERALIS* ET *METAPHYSICA SPECIALIS*

La tentation est récurrente de réduire la métaphysique à une théologie qui, au bout du compte, s'en remettrait à l'intuition. Chez Aristote, il n'y a, à la limite, de théologie possible que pour Dieu lui-même, comme acte pur de la pensée vouée à se penser elle-même[1], quitte à ignorer tout ce qui est composé de matière et de forme[2]. Chez lui cependant, Dieu n'est encore jamais conçu comme « créateur », puisque matière et forme sont éternelles. L'idée même d'un Dieu qui pourrait créer *ex nihilo* n'appartient pas à la métaphysique antique : elle relève spécifiquement du judéo-christianisme. Dès lors, celui-ci a accentué la tension entre *metaphysica specialis* et *metaphysica generalis*. Si chez Platon ou Aristote, Dieu est assimilé au Bien, à l'Un ou au « vivant éternel parfait », jamais ils n'avaient posé de définition de Dieu comme « Être pur » ou « Existant parfait ». Or, dans la Bible, Dieu se définit comme « Celui qui est »[3] et se désigne comme l'ineffable Tétragramme. Pour la religion révélée, on ne peut, à la limite, rien dire de Dieu, si ce n'est qu'il est et que de lui découle toute existence. Ainsi, si le Dieu d'Aristote est l'acte pur de la Pensée qui se pense elle-même, le Dieu de St Thomas d'Aquin est l'acte pur d'exister, l'Être

1. *Cf.* Aristote, *Métaphysique*, L, 7, 1072b19-22 ; L, 9, 1074b33-34, *op. cit.*, p. 681, p. 701.
2. *Cf.* Aristote, *La Grande Morale*, II, 15, 1212b38-1213a7, trad. C. Dalimier, Paris, Arlea, 1992, p. 216.
3. *Cf. L'Exode*, III, 13-14 ; *Apocalypse*, I, 4 et 8.

même subsistant. En Dieu seul se confondraient essence et existence, alors que pour un être créé, l'existence n'est qu'un prédicat marqué de contingence, parce que tributaire de la toute-puissance divine. La conception thomiste aboutit à une métaphysique de l'Être pur, qui transcende alors la métaphysique de l'Intellect pur. Certes, est maintenue une science de l'être comme science de la substance ; mais si toute chose qui est relève d'une essence, la source de son existence vient d'ailleurs. Pour Aristote, l'existence et l'essence s'enveloppaient mutuellement : la *quoddité* de Socrate comme substance première restait conditionnée par son appartenance à sa substance seconde, à sa *quiddité* d'homme. Les individus éphémères, dans le monde sensible, étaient censés manifester l'essence spécifique à laquelle ils appartiennent, mais réciproquement on ne pouvait, pour lui, connaître l'essence d'une chose ou d'une personne si on ne savait pas leur existence [1]. En revanche, St Thomas d'Aquin établit désormais une distinction réelle entre la quoddité et la quiddité : toute substance première, si elle est, est en vertu d'un acte qui ne relève pas simplement de son essence ou d'accidents, mais de Dieu lui-même. L'existence est certes dans l'essence, mais ne provient pas de l'essence elle-même : elle relève d'une donation divine. Même si les êtres finis ne sont pas capables d'avoir une existence sans relever d'une essence, l'acte d'exister dépend, en dernière instance, de l'*Esse* absolu qu'est Dieu. Nous découvrons ici la possibilité d'un exister qui serait irréductible à l'essence, et donc au concept : « Toute essence ou quiddité peut être pensée sans que rien ne soit pensé de son être : je peux, en effet, penser ce qu'est l'homme ou le phénix, et pourtant ignorer s'il a un être dans la nature ; il est donc clair que l'être est autre que l'essence ou la quiddité. À moins qu'il

---

1. *Cf.* Aristote, *Seconds Analytiques*, II, 8, 93a28, *op. cit.*, p. 190.

n'y ait une chose, dont la quiddité soit son être. Or, une telle chose ne peut être qu'unique et la réalité première » [1]. La métaphysique pose ici un « *Esse* suprême », qui est le seul être dont l'essence est d'exister : l'existence est son essence. Pour toutes les autres choses, même les anges comme pures formes sans matière, leur raison d'être se situe ailleurs que dans leur essence ou leur concept. La théologie rationnelle se met au service de la théologie révélée et la métaphysique ne dispose plus que d'une fonction ancillaire vis-à-vis de la lumière surnaturelle de la foi. La tentation est même possible d'opposer le Dieu des philosophes à celui d'Abraham, d'Isaac et de Jacob, quitte à miser alors uniquement sur le saut de la foi.

LE DISCOURS MÉTAPHYSIQUE EN QUÊTE DE RÉFÉRENCE : DES PRÉDICATS AUX PRÉDICABLES

De son côté, la *metaphysica generalis* explore la question de l'être en empruntant une tout autre voie. Même lorsqu'elle s'inscrit résolument dans l'ordre du discours et de la signification – plutôt que celui de l'intuition ou de la révélation –, la métaphysique ne semble encore que viser une universalité en intension, c'est-à-dire en compréhension. Comment l'extension de son propos est-elle pour autant garantie ? L'intension est le contenu intelligible d'un terme, sa signification, alors que l'extension est sa référence factuelle, son domaine d'applicabilité. L'extension d'un nom propre est un individu ; celle d'une propriété est la classe des individualités qui la possèdent en commun ; celle d'une proposition est son applicabilité à des états de choses et non seulement à des objets simples. Pour dire les choses et nous faire comprendre, nous utilisons effectivement des noms

1. St Thomas d'Aquin, *De ente et essentia*, V, Paris, trad. A. de Libera et C. Michon, Paris, Points-Seuil, 1996, p. 103.

qui sont censés rendre intelligible ce dont nous parlons : ces noms doivent avoir une signification, une représentation conceptuelle. Comme nous l'avons déjà souligné, le nom commun renvoie indirectement aux choses : il est déjà un universel traduisant une détermination commune, comme par exemple, être-homme, être-grand, être-vieux, etc. Une langue ne pourrait se contenter de noms propres, car alors nous ne pourrions pas fournir de description ou définition. Pour dire des états de choses, nous recourons aux noms communs et aux propositions qui composent le discours attributif. Or, si la vérité et la fausseté n'étaient que des qualités logiques du discours, elles ne garantiraient pas une nécessaire correspondance adéquate avec les réalités existantes. L'universalité par signification ou intension ne précise pas encore suffisamment le rapport entre l'universel et les singuliers auxquels il est attribué. Elle n'explique pas non plus en quoi les singuliers peuvent partager une propriété commune, ni la nature de cette communauté. L'articulation entre le niveau logique d'attribution et le niveau ontologique d'inhérence reste floue. Nous avons beau dire que le discours apophantique est celui qui vise à dire ce qui est, comment préciser les types de rapports entre les choses que nous sommes censés laisser dire en nous ? La *metaphysisca generalis* s'attelle à éclairer cette relation, en explorant les différents soubassements du réel. Aristote lui-même a ménagé la voie d'une métaphysique comme stricte *onto*-logie : tout en étant une dénomination commune, l'Être n'exprime pas lui-même une quiddité, ni un genre, ni même une substance. Il établit que les différentes espèces de l'Un sont les mêmes que les différentes espèces de l'Être : « L'Être et l'Un sont identiques et d'une même nature, en ce qu'ils sont corrélatifs »[1]. Cette convertibilité entre l'Être et

---

1. Aristote, *Métaphysique*, Γ, 2, 1003b23-24, *op. cit.*, p. 179.

l'Un permet alors à Aristote d'articuler la science de l'être en tant qu'être sur la dialectique des contraires : « Une même science étudiera l'Identique et le Semblable, et les autres espèces de l'Un de cette sorte, ainsi que leurs opposés »[1]. Puisque la science des contraires est considérée comme une, les opposés de l'Être et de l'Un (comme l'Autre, le multiple, etc.) rentreront dans cette même science. L'opposition principale est celle de l'Être et du Non-Être, et de l'Un et du Multiple, à laquelle se ramènent les autres contraires. Il s'agit ici de mettre au jour des « transcendantaux » qu'il appelle des « termes premiers »[2], objets d'une nouvelle forme de science première. L'enjeu est d'investiguer les différents niveaux de réalité qui se disent à travers le discours : « L'Être proprement dit se prend en plusieurs acceptions : nous avons vu qu'il y avait d'abord l'Être par accident, ensuite l'Être comme vrai, auquel le faux s'oppose comme Non-Être ; en outre il y a les types de catégorie, à savoir la substance, la qualité, la quantité, le lieu, le temps, et tous autres modes de significations analogues de l'Être. Enfin il y a, en dehors de toutes ces sortes d'êtres, l'Être en puissance et l'Être en acte »[3]. Ainsi, Aristote établit une articulation étroite entre le discours attributif et la division ontologique, sur la base de la distinction de l'un en puissance et de l'un en acte : « On les *(les Anciens)* voyait plein d'embarras, avouer que l'un est multiple, comme s'il n'était pas possible que la même chose fût une et multiple, sans revêtir par là deux caractères contradictoires : en effet, il y a l'un en puissance

---

1. Aristote, *Métaphysique*, 1003b 26-27, *op. cit.*, p. 181.
2. « Tout en se rapportant à un terme premier, par exemple tout ce qui est un étant dit relativement à l'Un premier, nous devons énoncer qu'il en est ainsi du Même, de l'Autre, et des contraires en général », Aristote, *Métaphysique*, Γ, 2, 1003b25-26, *op. cit.*, I, p. 185.
3. Aristote, *Métaphysique*, E, 2, 1026a33-1026b2, *op. cit.*, p. 335.

et l'un en acte »[1]. Mais il reste à cerner les différentes déclinaisons possibles de cette division ontologique.

Ainsi, il faut non seulement distinguer l'être par soi et l'être par accident, mais aller plus loin dans la mise au jour de différents degrés de densité ontologique. Du point de vue des catégories, quand nous disons « le nez est long » et le « nez est camus », nous renvoyons ces phrases à la classe de signification de la qualité ; pourtant au-delà de cette signification intensionnelle du prédicat, existe une différence décisive au niveau extensionnel : le lien entre le nez et l'être-long est accidentel, tandis que le lien entre le nez et l'être-camus ne l'est pas. Seul un nez peut être qualifié de camus : dans la proposition « le nez est camus », le lien entre S et P exprime un propre, et non un accident. En outre, si nous disons que « Socrate est un homme » et que « homme est un animal », nous avons certes affaire à des déterminations essentielles, mais nous ne trouvons pas au même niveau extensionnel : l'être-homme est une détermination essentielle qui spécifie Socrate comme tous ses congénères, mais qui le distingue de tout autre animal. D'un côté, nous avons donc une attribution d'espèce, et de l'autre, une attribution de genre. Nous avons donc affaire à deux types d'unité de la pluralité : d'une part, une classe unitaire se distinguant distributivement par nombre d'individus ; d'autre part, une classe unitaire se distinguant collectivement par espèces. Dès lors, si dans l'ordre intensionnel, l'universel est ce qui se prédique de plusieurs, cette universalité ne peut faire l'économie de l'étude des différents niveaux de son application extensionnelle. Ce qui se prédique peut être soit un accident, un propre, un genre, une espèce. Aussi faut-il distinguer les prédicables des prédicats : les prédicables concernent les domaines

1. Aristote, *Physique*, I, 2, 185b30-186a3, *op. cit.*, p. 33.

d'applicabilité de l'attribution, indépendamment de la simple signification du prédicat. Cette distinction a été opérée par Aristote, dans les *Topiques* : « Si on examine une par une les propositions et les questions, on verra que chacune d'elles vient soit de la définition d'une chose, soit du propre, soit du genre, soit de l'accident » [1]. Il faut donc nous enquérir du champ ontologique concerné chaque fois que nous voulons dire et définir un état de choses, afin d'éviter cette confusion du discours qui nous fait parler, par exemple, d'un propre comme s'il s'agissait d'un accident. Le genre – tel celui d'« animal » – est donc ce qui est prédicable de plusieurs différant par l'espèce. L'accident est ce qui peut aussi bien appartenir ou non à une seule et même chose. Le propre est ce qui, sans en exprimer l'essence, appartient à une chose seulement et se réciproque avec elle. L'espèce est ce qui est prédicable de plusieurs différant distributivement par le nombre. Ces prédicables sont des universaux de valeur différente, selon leur domaine d'applicabilité, c'est-à-dire selon la nature ontologique de « plusieurs ». Il ne s'agit donc plus ici de s'en tenir à la signification intrinsèque d'un prédicat, mais de déterminer l'extension et la nature prédicative de l'énoncé, donc de discriminer des niveaux différents de réalité. La fonction des prédicables est double : déterminer la nature de la prédication et l'extension ou le domaine d'applicabilité de « plusieurs ». Si les individus ne peuvent être que sujets comme substances premières, les universaux occupent une étendue différente selon leur position dans l'échelle de l'extension. Dès lors, une règle s'impose : les universaux sont sujets pour tous ceux qui les précèdent, auxquels ils sont subordonnés (« animal » est sujet de « être vivant », par exemple), mais ils peuvent être prédiqués pour tous ceux qui les suivent et qu'ils

---

1. Aristote, *Topiques*, I, 4-6 et I, 8, 103b4-6, trad. J. Tricot, Paris, Vrin, 1965, p. 19.

subordonnent (par exemple, « l'homme est animal »). Il est alors possible d'affiner : les individus sont toujours sujets ; les espèces peuvent être sujets des genres ou prédicats des individus ; les genres ne peuvent être que prédicats des espèces ; les catégories sont toujours prédiquées et jamais sujets. Les prédicables permettent donc d'établir un ordre intelligible des états de choses, de les organiser selon un dispositif hiérarchique et unitaire. Au simple catalogue des catégories vient s'adjoindre un ordre de subordination qui permet non seulement un gain d'intelligibilité [1], mais précise la complexité ontologique des réseaux d'articulation du réel : « L'espèce est, en effet, un substrat (*hypokeimenon*) pour le genre, puisque si les genres sont affirmés des espèces, les espèces ne sont pas, en revanche, affirmées des genres. Il en résulte que, pour ces raisons également, l'espèce est plus substance que le genre » [2]. Aristote avait entrevu la question de la réalité des universaux [3] et Porphyre la pose clairement : « Tout d'abord, en ce qui concerne les genres et les espèces, la question est de savoir si ce sont des réalités subsistantes en elles-mêmes ou seulement de simples conceptions de l'esprit, et, en admettant que ce soient des réalités substantielles, s'ils sont corporels ou incorporels, si, enfin, ils sont séparés ou ne subsistent que dans les choses sensibles et d'après elles » [4]. La querelle des universaux [5] trouve là son origine…

1. Cet ordre intelligible culmine dans l'arbre de Porphyre ou *Scala predicamentalis*, dans son *Isagogé*.

2. Aristote, *Catégories*, 5, 2b15-23, trad. J. Tricot, Paris, Vrin, 1966, p. 10.

3. « Il y a des *choses* universelles et des choses singulières » Aristote, *De l'Interprétation*, 7, 17a37, trad. J. Tricot, Paris, Vrin, 1966, p. 87.

4. Porphyre, *Isagogè*, I, 9-12, trad. A. de Libera, Paris, Vrin, 1995.

5. *Cf.* A. de Libera, *La Querelle des universaux*, Paris, Le Seuil, 1996.

LA *METAPHYSICA GENERALIS* COMME SCIENCE
DU TRANSCENDANTAL : L'APPORT DE DUNS SCOT

Le clivage entre la *metaphysica specialis* et la *metaphysica generalis* tourne autour de la question de savoir si la métaphysique se donne comme objet un suprême être ou si elle se présente comme une ontologie de l'être quelconque. À l'époque médiévale, Avicenne assume cette croisée des chemins en considérant que le sujet de la métaphysique est l'étant comme tel, pris dans son universalité : l'*ens commune*. La métaphysique ne consiste plus ici à s'assimiler à Dieu, mais à s'enquérir des propriétés de l'être, c'est-à-dire des contraires qui traversent toutes les catégories d'existants, aussi universels que l'être lui-même : comme l'un et le multiple, l'antérieur et le postérieur, le possible et le nécessaire, la puissance et l'acte, l'universel et le particulier. Ces propriétés de l'être seront appelées des « Transcendantaux », parce qu'elles traversent tous les étants particuliers, par opposition aux catégories fondamentales qui divisent l'existence en classes : « Le sujet premier de cette science est l'existant en tant que tel ; et le domaine de ses recherches sont les choses qui l'accompagnent nécessairement »[1]. À propos de ces choses qui accompagnent nécessairement l'existant quelconque, Avicenne parle de « conditions concomitantes ». Cette approche a le mérite de ne pas apparaître antinomique avec les autres sciences : « Cette science étudie les modes de l'existence et les choses qui lui appartiennent, à l'instar des parties et des espèces, jusqu'à ce qu'elle arrive à une appropriation produisant le sujet de la science physique : alors elle remet à celle-ci son sujet. Et aussi une appropriation produisant le sujet des mathématiques, alors elle remet à

---

1. Avicenne, *La métaphysique du Shifâ'*, I, 1-2 : trad. G. Anowati, tome 1, Paris, Vrin, 1978, p. 93.

celle-ci son sujet »[1]. En un mot, il s'agit ici d'une science métaphysique qui se donne pour objet tout ce qui se situe en amont des différentes sciences et les conditionne. Duns Scot va se faire le digne héritier de cette approche englobante de la métaphysique[2]. Il fait ainsi retour sur ce qu'avançait Avicenne (« le sujet premier de la métaphysique est le concept d'étant »), pour mieux soutenir sa thèse principale : l'univocité de l'étant. Même si les philosophes ont divergé sur la nature du premier principe, ils ont tous au moins été d'accord pour affirmer au bout du compte qu'il s'agit à tout le moins de quelque chose, un étant. L'être n'est pas ici considéré comme un privilège de Dieu : le fait d'être concerne aussi bien Dieu que la créature. Dieu a beau être un étant éminent, il n'est pas le seul étant. Duns Scot ne part pas non plus d'une théorie de l'être dont l'homonymie reposerait sur la substance comme unité focale de signification : qui dit analogie dit encore séparation entre les catégories différentes les unes des autres. En revanche, il y a un concept beaucoup plus englobant qui est celui d'étant, parce qu'il est l'élément neutre, indifférent et commun à tout ce qui existe. Il n'y a rien de plus connu que ce qui existe : « L'être n'est expliqué par rien de plus connu »[3]. Duns Scot opère donc un déplacement majeur de l'objet de la métaphysique : le concept d'étant devient central, parce qu'il est commun à tout ce qui existe. De plus, l'*ens* comme *maxime scibile* est la condition de possibilité de la connaissance en général. On peut même concevoir l'étant sans avoir à se demander de

---

1. Avicenne, *La métaphysique du Shifâ*, *op. cit.*, p. 95.
2. « Le sujet de la métaphysique est-il l'être en tant qu'être comme l'a soutenu Avicenne, ou Dieu et les intelligences, comme l'a soutenu le commentateur Averroès ? » Duns Scot, *Reportationes Parisiensis*, prol. I, q. 3, a1.
3. Duns Scot, *Traité du premier principe*, IV, § 78, trad. R. Imbach, Paris, Vrin, 2001, p. 179.

quel étant on parle, que ce soit « l'étant participé » comme créature ou l'« étant non participé » comme Dieu. Or, chercher l'être au sens large, c'est aussi le chercher dans sa racine d'être-possible. Dans cette métaphysique, l'être n'y est pas pensé comme simplement « ce qui a de l'existence » (*quod habet esse*), mais il est surtout ce qui, n'impliquant aucune contradiction, ne répugne pas à exister (*quod aptum natum est existere*) [1]. En Dieu comme dans les créatures, l'existence apparaît au terme d'une série de déterminations modales de l'essence, qui l'habilitent à exister. Et si Dieu peut créer, ce n'est pas parce que l'*esse* serait l'effet exclusif de Dieu seul, mais parce qu'un *esse* est d'abord un possible avant de s'actualiser. L'étant déborde donc sa facticité et se définit comme capable d'exister. Mais l'être-possible ne se réduit pas non plus au possible logique : il correspond à un réel-possible. La métaphysique se donne ici pour objet le « réel-possible », c'est-à-dire la réalité même de l'être-possible des choses qui existent. Duns Scot arrime la métaphysique à cette *natura communis* d'Avicenne qui tient une place intermédiaire entre la réalité étudiée par la physique et la généralité logique produite par la raison. Cette nature comme essence médiane des choses permet à l'intelligence de découvrir l'universalité au cœur de la réalité. Car même quand elles existent en acte, les choses ne perdent jamais ce caractère essentiel d'avoir été possibles. La métaphysique explore donc ce plan du possible, ce champ médian de réalité, irréductible aussi bien au possible logique qu'à la seule facticité des choses contingentes. Il n'y a pas, par exemple, d'effectué (produit en acte par une cause efficiente) sans de l'effectible. Mais en même temps, ce n'est qu'à partir du réel en acte que l'être possible peut être

---

1. Cité par F-X Putallaz dans son *Introduction* à Duns Scot, *Traité du premier principe*, *op. cit.*, p. 23.

appréhendé[1]. La métaphysique porte donc sur les passions propres de l'étant, les caractères ou les flexions de l'étant que constituent les Transcendantaux. Dans le deuxième chapitre du *De primo principio*, Duns Scot s'enquiert des transcendantaux disjonctifs comme propriétés de l'être : l'acte et la puissance recouvrent la totalité de l'être, mais aussi l'antérieur et le postérieur qui constituent un ordre essentiel de connexions possibles garantissant la causalité. Le *Docteur Subtil* précise : « Outre les sciences spéciales, il faut qu'il y ait quelque science commune, dans laquelle soient prouvées toutes les choses qui sont communes à ces sciences spéciales. Donc, outre les sciences spéciales, il faut qu'il y en ait une, commune, à propos de l'étant, dans laquelle soit livrée la connaissance des passions de l'étant, connaissance qui est supposée dans les sciences spéciales »[2]. L'objet de la métaphysique est ici l'étant parce qu'il est le principe des principes, ce qu'il y a de plus commun à toutes les choses qui sont : « Le premier objet de notre intellect est l'étant, car en lui se rencontre une double primauté, de communauté et de virtualité [...]. En effet, tous les genres, les espèces, les individus, toutes les parties essentielles des genres, et même l'étant incréé, tous incluent l'étant quidditivement ; et toutes les différences ultimes sont incluses essentiellement dans certains de ceux-là, et toutes les passions de l'étant sont

---

1. *Cf.* D.M. Armstrong : « C'est l'actuel qui détermine le possible. Il y a une image chez Leibniz, chez Lewis, et chez d'autres métaphysiciens, selon laquelle l'actuel nage dans une mer plus large, la mer du possible. L'actuel n'est qu'un cas du possible [...]. Mais au niveau métaphysique, au niveau du vérificateur (*truthmaker*), la sphère du possible est déterminée par l'actuel » *A World of State of Affairs*, Cambridge, Cambridge University Press, 1997, p. 174.

2. Duns Scot, *Ordinatio*, Prol., § 142, cité par O. Boulnois, dans *Duns Scot, Sur la connaissance de Dieu et l'univocité de l'étant*, Paris, P.U.F., 2011, p. 54.

incluses virtuellement dans l'étant et dans ses inférieurs »[1]. Par un tel jeu d'inclusions, le *Docteur Subtil* sauvegarde l'unité du savoir, puisque la diversité des objets des sciences se ramène à un objet premier qui, pur déterminable, est univoque à ses inférieurs et inclus essentiellement en eux.

Ainsi, Duns Scot définit la métaphysique comme *scientia transcendens*, science de ce qui transcende non plus absolument, mais transversalement les choses particulières, les espèces et les genres, les catégories. La métaphysique n'est donc pas ici science transcendante, mais transcendantale, recherche des *transcendentia* : l'étant et ses « passions propres », c'est-à-dire les déterminations propres qui lui sont concomitantes. Est dit « transcendantal » ce qui n'a aucun prédicat au-dessus de soi, ce qui n'est contenu dans aucun genre, en dehors de l'étant lui-même : « Tout ce qui convient à l'étant en tant qu'indifférent au fini ou à l'infini ou en tant que propre à l'étant infini, lui convient, non point en tant qu'il est déterminé au genre mais en tant qu'antérieur, et par conséquent en tant qu'il est transcendantal et hors de tout genre »[2]. Les passions propres de l'étant ne sont pas nécessairement convertibles avec l'étant comme l'un : le nécessaire et le possible, l'acte et la puissance, le fini et l'infini, sont des « passions disjonctives » qui, à première vue ne peuvent revendiquer la même universalité que l'étant lui-même, mais elles constituent néanmoins les réquisits de toute position de réalité : tout être est soit nécessaire, soit possible, ou tout être est soit en acte, soit en puissance. En ce sens, la métaphysique se définit ici comme recherche des conditions de possibilité ontologiques des sciences en tant que sciences.

---

1. Duns Scot, *Ordinatio*, I, Distinction 3, § 137, *op. cit.*, p. 141-142.
2. Duns Scot, *Ordinatio* I, Distinction 8, *op. cit.*, p. 241-242.

CHAPITRE III

SCIENCE ET MÉTAPHYSIQUE

Les rapports entre science et métaphysique peuvent sembler aujourd'hui distendus, tant cette dernière a été victime de discrédit. Pourtant, science et métaphysique ont toujours été étroitement liées, participant du même effort de connaissance rationnelle. L'exigence de connaissance consiste à se départir des apparences, à rompre avec l'expérience première : le soubassement de la réalité ne serait donc pas immédiatement accessible. La science partagerait avec la métaphysique le souci d'accéder à un au-delà du règne des apparences auquel resterait soumis le savoir doxique. Mais jusqu'où l'esprit scientifique peut-il souscrire à l'essentialisme méthodologique qui semble caractériser la démarche métaphysique ?

DU RÉALISME CAUSAL AU PHÉNOMÉNISME LÉGAL

Mettre au jour les causes vise à cerner la nature des choses : *chose* en français et *cosa* en italien sont un doublet de *cause*, de même en allemand *Sache* ; quant à la notion de *réalité*, elle renvoie elle-même à la *res* latine. L'enjeu serait donc de saisir le noyau dur de la réalité, la *chose en soi*. La cause se présente comme un pouvoir producteur, un

principe actif qui rend compte de l'apparition d'un phénomène. La tentation est alors grande d'assimiler la cause à un
principe substantiel qui engendrerait de manière intrinsèque
un phénomène et lui garantirait sa dignité ontologique.
Une théorie de la cause-principe entretient déjà le postulat
métaphysique d'un fondement considéré à la fois comme
ce de quoi adviendrait ce qui est et comme garantie de
son intelligibilité. Le risque est alors de confondre tout
simplement science et métaphysique. C'est en tout cas le
reproche qui sera fait le plus souvent aux Anciens par les
Modernes. Le passage d'une physique qualitative – présup-
posant dans la matière des entéléchies – à une physique
quantitative – expulsant le recours à de telles qualités
occultes – a marqué le tournant de la Modernité, aux XVIe
et XVIIe siècles. Être scientifique consisterait alors à s'en
tenir à la question du *Comment?*, en excluant la question du
Pourquoi?, trop propice aux extrapolations métaphysiques.

La première exigence méthodologique consiste alors à
résolument distinguer la *causa* du *principium*, en émancipant
la question de la causalité de celle de la recherche du
fondement. Pour se libérer de la primauté accordée à la
prétendue cause substantielle, Suarez a privilégié la cause
efficiente : « Exister, pris en soi seul, signifie avoir une entité
hors de ses causes » [1]. Il ne s'agit plus ici de présupposer une
cause-principe agissant intrinsèquement, mais de s'en tenir à
l'efficience en tant qu'elle s'exerce de manière radicalement
extrinsèque [2]. Son *De causis* rejette toute velléité de fonder

---

1. Suarez, *Disputationes Metaphysicae*, XXXIV, s. 4, n° 23, dans
Opera omnia, tome 26, 1856-1861, Paris, Vivès.
2. « J'ai dit que la cause est ce qui influe l'être en un autre ; pour la
causalité, il est nécessaire que l'être que la cause influe […] soit un être
distinct de l'être propre qu'a en soi la cause » Suarez, *Disputationes
Metaphysicae*, 12, s. 2, n° 7-10, cité par V. Carraud, *Causa sive ratio*,
Paris, P.U.F., 2002, p. 134.

la science sur un *De principiis.* Désormais, la cause-rapport (efficience) supplante la cause-support (substance). La rupture avec l'idée d'un principe occulte à l'œuvre dans la production des phénomènes est flagrante également chez Descartes : ce dernier assimile systématiquement la cause à l'efficience extrinsèque. S'il reprend l'expression « *ratio causae* », c'est pour n'y voir qu'un génitif subjectif : la cause efficiente est déjà elle-même raison. Triomphe alors la causalité strictement mécanique dont le modèle peut se réduire au choc des boules de billard : dans le monde matériel, l'efficience d'une cause ne se laisse plus définir par sa capacité de faire passer de la puissance à l'acte, mais ne réside que dans la quantité de mouvement transmise d'un corps à un autre. Le mouvement-processus fait place au mouvement-état. Privée de toute spontanéité, de toute virtualité latente, la matière assimilée à la *res extensa* n'existe que *partes extra partes*. Dès lors, il n'y a plus rien à admirer dans une nature ainsi désenchantée, considérée comme un vaste mécanisme fait de rouages qui interagissent extérieurement les uns aux autres, telle une montre. Loin d'être une fin en elle-même, elle n'est plus qu'un moyen au service de l'homme et son déterminisme mécanique la rend éminemment prévisible et manipulable.

Mais la conception moderne de la science ne se contente pas de substituer le mécanisme au finalisme : elle va jusqu'à suspecter l'idée même de nécessité causale. Loin de supposer un quelconque pouvoir producteur dans la succession des phénomènes, l'approche empiriste ne constate que des conjonctions constantes, des successions habituelles : « En examinant les actions des corps et la production des effets par leurs causes, nous voyons que toutes nos facultés ne sauraient jamais nous porter plus loin que cette observation : certains objets sont *constamment joints* ensemble et l'esprit est porté par une *transition coutumière* de la vue de l'un à la croyance de l'autre » soutient Hume[1]. Cette approche favorise le triomphe du phénoménisme légal sur le réalisme causal. La démarche scientifique n'est plus censée expliquer le fond caché des apparences, mais décrire rationnellement des rapports constants entre des variables, et donc formuler mathématiquement des lois. Pierre Duhem radicalise cette position en soulignant qu'« une théorie physique n'est pas une explication »[2] : il ne peut s'agir que d'un système de propositions mathématiques qui ont pour but de représenter aussi simplement et exactement que possible un ensemble de lois expérimentales. Avec le phénoménisme légal, le déterminisme est ici fondé sur une exigence de légalité plutôt que de causalité. Si un événement A est dit cause de B, il faut supposer A et B répétables et entre eux une connexion constante : le rapport causal relie des événements relevant de classes de similarité. Il s'agit bien de déduire, à partir d'une prémisse énonçant une loi empirique et d'une prémisse décrivant des circonstances particulières, une proposition décrivant un événement particulier ou *explanandum*. Avec le phénoménisme légal triomphe le modèle déductif-nomo-logique[3]. L'attitude positiviste rejette tout recours à un quelconque réalisme causal qui serait nécessairement teinté de métaphysique : « Nos études réelles sont strictement circonscrites à l'analyse des phénomènes pour découvrir leurs lois effectives, c'est-à-dire leurs relations constantes de succession et de similitude, et ne peuvent nullement

---

1. D. Hume, *Enquête sur l'entendement humain*, VIII, trad. M. Malherbe, Paris, Vrin, 2008, p. 243.

2. P. Duhem, *Théorie physique* : « Si les théories physiques ont pour objet d'expliquer les lois expérimentales, la Physique théorique n'est pas une science autonome : elle est subordonnée à la métaphysique », Paris, Vrin, 1997, p. 8, p. 24.

3. *Cf.* C. Hempel, *Eléments d'épistémologie*, Paris, A. Colin, 1996.

concerner leur nature intime, ni leur cause, ou première ou finale, ni leur mode essentiel de production »[1].

Ainsi, la science ne pourrait progresser qu'en se démarquant de la métaphysique : sur ce point, Hume a réveillé Kant de son sommeil dogmatique[2]. La science s'en tient aux phénomènes, c'est-à-dire aux objets d'expérience possible, sans prétendre pénétrer la chose en soi. Le criticisme kantien établit une ligne de démarcation entre les phénomènes et les noumènes comme entre l'entendement (*Verstand*) – faculté des lois – et la raison (*Vernunft*) – faculté des principes. Pour produire une connaissance, il ne s'agit plus de prétendre accéder aux fondements ultimes du réel, puisque ceux-ci échappent irréductiblement aux capacités humaines de connaissance, et donc au champ de l'expérience possible : on peut penser la chose en soi ou les noumènes, mais non les connaître. La connaissance implique la synthèse entre les intuitions de notre sensibilité, comme faculté de réceptivité, et les concepts fournis par l'entendement : sinon les intuitions sensibles sans les concepts sont aveugles et inversement les concepts sans les intuitions sensibles restent vides[3]. Kant remet en question la conception classique de la vérité comme *adaequatio rei et intellectus*, adéquation de la chose et de l'esprit[4]. Il dénonce, dans cette définition, un diallèle : « La vérité, dit-on, consiste dans l'accord de ma connaissance avec l'objet. Selon cette simple définition de mot, ma connaissance doit donc s'accorder avec l'objet pour avoir valeur de vérité. Or le seul moyen que j'ai de comparer l'objet de la connaissance avec l'objet, *c'est que je*

---

1. A. Comte, *Cours de philosophie positive*, 28ᵉ leçon, tome 3, cité par B. Guillemin, « Comte Auguste 1798-1857 », Encyclopedia universalis en ligne, URL : http://www.universalis.fr/encyclopedie/auguste-comte/

2. *Cf.* Kant, *Prolégomènes*, *op. cit.*, p. 18.

3. *Cf.* Kant, *Critique de la Raison pure*, *op. cit.*, I, p. 812.

4. Formule attribuée au philosophe juif d'Égypte (IXᵉ-Xᵉ siècles) Isaac Israëli, dans son *Livre des définitions*.

le connaisse. Ainsi ma connaissance doit se confirmer elle-même ; mais c'est bien loin de suffire à la vérité [...]. Tout ce que je puis apprécier c'est si ma connaissance de l'objet s'accorde avec ma connaissance de l'objet » [1]. Il faut noter le glissement sémantique opéré ici par Kant : à la notion de *res* ou de chose contenue dans la définition classique de la vérité, il lui substitue d'emblée la notion d'objet. Ce glissement sémantique est révélateur de la « révolution copernicienne » qu'il fait subir à la métaphysique : il ne s'agit plus de partir du rapport entre intellect et réalité en soi ou « chose en soi », mais de celui entre sujet et objet. Seul l'entendement est susceptible de transformer le réel en objet de connaissance et de passer des simples « jugements de perceptions » qui en restent aux apparences subjectives à des « jugements d'expérience » portant sur des rapports objectifs régissant les phénomènes [2]. Le criticisme kantien implique donc une part de constructivisme. Kant conçoit le phénomène comme la synthèse opérée par le sujet transcendantal : la matière constituée par des impressions sensibles a besoin d'être informée, d'une part par les prismes intuitifs sensibles de l'espace et du temps, et d'autre part, par la grille d'intelligibilité conceptuelle fournie par l'entendement. Ces formes de la sensibilité comme celles de l'entendement exercent la fonction transcendantale de conditions de possibilité de l'expérience. Le connaissable est déterminé *a priori* par les conditions de son apparition à une sensibilité et de son encadrement logique par un entendement qui confère à cette apparition l'objectivité requise. L'objet connaissable est donc tributaire d'une véritable « mise en scène » structurante. C'est ici l'entendement qui prescrit ses lois à la nature : « L'entendement n'est donc pas simplement un pouvoir de se faire des règles par la comparaison des phénomènes, il est lui-même une législation pour la nature,

---

1. Kant, *Logique*, trad. L. Guillermit, Paris, Vrin, 1966, p. 54.
2. *Cf.* Kant, *Prolégomènes*, *op. cit.*, II, p. 66.

c'est-à-dire que sans l'entendement il n'y aurait nulle part de nature, je veux dire d'unité synthétique du divers »[1]. Ainsi, nous ne connaissons bien que ce que notre entendement catégorise.

DU CONSTRUCTIVISME AU RÉALISME CRITIQUE

À l'expérience première propice à l'illusion, l'homme de science lui substitue une organisation raisonnée et systématique d'expérimentations. Kant lui-même s'est appuyé sur la pratique scientifique pour justifier sa théorie de la connaissance : la construction de l'objet de science se vérifie dans la pratique expérimentale. Ainsi firent Galilée, Torricelli et Stahl qui « comprirent que la raison voit seulement ce qu'elle produit selon ses propres plans, [...] ; elle doit forcer la nature à répondre à ses questions et ne pas se laisser seulement comme conduire en laisse par elle »[2]. La méthode expérimentale consiste à déduire un effet observable à partir d'une hypothèse explicative et à fabriquer un dispositif artificiel qui permette de voir si l'effet prévu se produit ou non. Mais la tentation est alors d'escamoter la réalité phénoménale elle-même au profit d'une réalité totalement artificielle, au point que la connaissance scientifique ne serait plus de l'ordre de la découverte, mais de l'invention de théories, de modèles, voire des faits eux-mêmes. Ces derniers n'apparaissent plus alors comme le fruit d'une causalité à l'œuvre dans le donné réel, mais comme le pur effet d'une construction scientifique. Ainsi, pour Bachelard : « Rien ne va de soi ; rien n'est donné, tout est construit »[3]. Or, ce que le scientifique construit, ce n'est pas la vérité, mais les moyens de l'atteindre et de l'énoncer. Le constructivisme tend à confondre l'objet de connaissance et

---

1. Kant, *Critique de la Raison pure*, *op. cit.*, I, p. 1425-1426.
2. *Ibid.*, p. 737.
3. G. Bachelard, *La Formation de l'esprit scientifique*, Paris, Vrin, 1969, p. 14.

le moyen de connaissance. Ainsi, les sciences ne produisent jamais que les moyens, matériels ou logiques, de rendre manifeste l'être-ainsi des choses : « La vérité est toujours plus ancienne que toutes les opinions qu'on en a eues, et ce serait ignorer sa nature de s'imaginer qu'elle ait commencé d'être au temps qu'elle a commencé d'être connue » [1].

Pour un relativiste, il n'y aurait pas plus de raisons de soutenir que la Lune tourne autour de la terre ou que la terre tourne autour du soleil : tout ne serait qu'une question de point de vue, affaire de description ! Pourtant la clef de ces rotations relève de rapports de forces effectives d'attraction et de répulsion entre ces corps célestes qui expliquent, par exemple, que la course de la lune autour de la terre est une chute constamment ralentie. L'interaction entre la masse d'un astre et ce qui se passe dans son environnement immédiat est bien une propriété effective. Au-delà de nos définitions plus ou moins conventionnelles, il y a « une pâte primitive dont le monde est fait », comme le précise Boghossian [2]. Bien plus, si l'on considère la recherche comme étant pure invention, elle s'expose à s'offrir à bon compte une luxuriance d'objets, au point de créer des pseudo-objets de science. Charcot a ainsi créé de toutes pièces « la femme hystérique » [3]. Le risque est de sombrer dans un relativisme radical et de produire des « objets » sans aucune objectivité, voire de développer des pseudo-sciences. Aussi, à l'opposé de tout relativisme subjectiviste ou conventionnaliste, la pluralité des sciences ne trouve sa légitimité qu'en reconnaissant les différentes strates de la réalité elle-même. Le propre de la méthode scientifique est d'abord d'admettre une réalité indépendante de nous :

1. Pascal, « Préface sur le traité du vide », dans *Œuvres complètes*, Paris, Le Seuil, 1963, p. 232.

2. P. Boghossian, *La Peur du savoir*, Marseille, Agone, 2009, p. 44.

3. *Cf.* M. Sicard, *La femme hystérique : émergence d'une représentation*, Paris, Belin, 2001.

comme l'a souligné Peirce, la méthode scientifique est celle qui permet à nos croyances d'être déterminées par quelque chose sur quoi nos pensées individuelles n'ont pas d'effet. En sciences, il s'agit d'établir une méthode « par laquelle nos croyances ne soient déterminées par rien d'humain, mais par quelque permanence extérieure – par quelque chose sur quoi notre pensée n'ait aucun effet »[1]. Le réel est non pas ce qu'il nous arrive d'en penser, mais ce qui reste irréductible à ce que nous pouvons en penser. Dès lors, si le champ scientifique est un lieu historique, les vérités qu'il établit sont transhistoriques : les formules de Newton concernant la masse ne perdent pas de leur pertinence, même si elles sont soumises à une refonte dans le cadre de la théorie de la relativité. Il ne s'agit donc pas d'opposer une chose en soi fondamentalement inconnaissable à des phénomènes entièrement construits par l'entendement humain, mais de distinguer différentes strates de réalité, qui justifient alors le recours nécessaire à des sciences différentes. Mario Bunge a pu parler de « réalisme critique »[2] : l'enjeu des sciences est de prendre en charge la complexité des plis du réel. L'effort épistémologique d'ex-*pli*-cation présuppose la complication de la réalité elle-même. Car celle-ci est à la fois une et complexe, en tant qu'elle présente des niveaux différents, imbriqués les uns dans les autres. Si les sciences sont plurielles, c'est d'abord parce que le réel relève d'un « monisme anomal », au sens de Donald Davidson[3] : monisme parce qu'il n'y a pas de niveaux de réalité qui seraient étrangers les uns aux autres ; anomal, parce qu'il n'y a pas pour autant réduction possible de l'un à l'autre.

1. C. S. Peirce, « Comment se fixe la croyance », dans *Textes anticartésiens*, trad. J. Chenu, Paris, Aubier, 1984, p. 268-286.

2. *Cf.* M. Bunge, *Philosophie de la physique*, trad. F. Balibar, Paris, Le Seuil, 1975.

3. D. Davidson, *Actions et événements*, trad. P. Engel, Paris, P.U.F., 1993, p. 286.

Tous les phénomènes ne peuvent être étudiés selon les mêmes lois : ce qui congédie le déterminisme strict, au sens du « démon » de Laplace. Il est possible ainsi d'établir une pyramide des niveaux d'organisation de la réalité, à partir des physico-systèmes, comme organisation primaire de la matière. Sur ceux-ci émergent ou surviennent les chimio-systèmes : ils répondent à des lois non-réductibles à celles de la physique. Sur les chimio-systèmes surviennent les bio-systèmes qui légitiment des lois spécifiques : par exemple, le taux de croissance d'un organisme est proportionnel à la vitesse avec laquelle il synthétise des protéines [1]. À partir de ces bio-systèmes surviennent à leur tour des socio-systèmes et des psycho-systèmes qui possèdent chacun leurs propres lois et leurs propres types de causalité [2]… Ainsi la pluralité de sciences ne signifie pas l'éclatement du réel, voire sa dissolution, mais correspond plutôt aux différents degrés de son approfondissement. Jean Largeault rappelle que tout enjeu épistémologique est aussi ontologique : « Je désigne comme idéalistes les philosophes qui n'attribuent aux lois qu'une existence dans l'esprit et identifient la réalité avec sa représentation [...]. J'appelle réalistes ceux qui tiennent les lois pour "des rapports qui dérivent de la nature des choses". Ils définissent l'existence comme un donné stable plus ou moins, indépendant de leurs représentations » [3].

---

1. *Cf.* M. Bunge, *Epistémologie*, trad. H. Donadieu, Paris, Maloine, 1983, p. 114. Sur le concept de survenance ou d'émergence, voir la note de P. Engel dans D. Davidson, *Actions et événements, op. cit.*, p. 286-287. *Cf.* l'article *Superveniences* de R. Pouivet, dans la revue *Critique* n° 575.

2. D'où la distinction entre « expliquer » (*Erklären*) et « comprendre » (*Verstehen*) : ce qui ne signifie pas s'en remettre à l'intuition, mais à un *Logos herméneutique* (comme en histoire où « expliquer plus » revient à « raconter mieux »).

3. J. Largeault, *Principes de Philosophie réaliste*, Paris, Klincksieck, 1985, p. 171.

LA SCIENCE PRÉSUPPOSE LA MÉTAPHYSIQUE

Si la science ou les sciences ont bien pour objectif d'expliquer les plis du réel, elles ne peuvent donc se dispenser de métaphysique quand elle participe d'un « engagement réaliste ». En affirmant que « toute science est fondée sur un système philosophique réaliste »[1], Einstein souscrivait explicitement à la remarque de Meyerson : « L'ontologie fait corps avec la science elle-même et ne peut en être séparée »[2]. Le renoncement à la recherche des causes – fussent-elles complexes – ne peut caractériser longtemps l'esprit scientifique : « La pensée scientifique a toujours essayé de pénétrer derrière les lois et de découvrir "le mécanisme de production" des phénomènes »[3]. Dès lors le clivage entre physique et métaphysique perd de sa pertinence. Ainsi, c'est par le biais de considérations métaphysiques que Leibniz a rectifié les erreurs de Descartes. En voulant éliminer toute puissance occulte, Descartes avait commis des erreurs grossières en physique comme en physiologie. En réduisant la matière à de l'étendue spatiale, il a effectué une « géométrisation à outrance ». Sa physique se voulait purement géométrique, telle une cinématique : le mouvement y était pensé comme un simple déplacement dans l'espace. Cette conception l'avait conduit à considérer qu'une boule de billard *A* qui percute une boule *B* pourrait lui transmettre intégralement son mouvement. Or, la boule de billard *B* possède une *vis inertiae* qui se traduit par sa résistance au choc, son antitypie ou puissance d'impénétrabilité. Pour fonder une dynamique, Leibniz a donc réhabilité la notion

1. *Cf.* Einstein, *Œuvres choisies 3, Relativité II*, Paris, Le Seuil-CNRS, 1993, p. 324.

2. E. Meyerson, *Identité et réalité*, Paris, Vrin, 1951, p. 439.

3. A. Koyré, *Études Newtoniennes*, Paris, Gallimard, 1968, p. 45, note 11.

de force, à partir de considérations métaphysiques : puisqu'il y a dans la nature quelque chose d'autre que ce qui est purement géométrique, il faut en appeler à quelque notion supérieure, savoir celle de substance, action, force[1]. Ainsi, Leibniz démontre que ce qui se conserve dans la nature n'est pas la même quantité de mouvement – comme le prétendait Descartes –, mais la même quantité de forces vives[2]. La force, inhérente à la matière, est l'analogue de l'âme et joue le rôle de principe substantiel. Leibniz réinterprète l'expression de « *ratio causae* » comme un génitif objectif : la cause elle-même présuppose une raison et celle-ci se trouve dans des formes entéléchiques, des monades ou atomes métaphysiques, comme substances premières qui taraudent aussi bien la matière que l'âme. Poser la question « *Pourquoi y a-t-il quelque chose plutôt que rien ?* » signifie donc ne pas se contenter des causes mécaniques, mais faire appel au principe de raison suffisante[3].

Cette dynamique d'inspiration métaphysique a permis le passage à la mécanique des forces, chez Newton. On présente souvent ce dernier comme l'auteur d'une théorie mathématique des lois de la gravitation, au détriment d'une explication en termes de causes productives. Pourtant,

---

1. « Les principes mécaniques mêmes, c'est-à-dire les lois générales de la nature, naissent de principes plus élevés et ne sauraient être expliqués par la quantité seule et par des considérations géométriques. Ces principes impliquent, bien au contraire, quelque chose de métaphysique [...]. Car en dehors de l'étendue et de ses modifications, il y a, inhérente à la matière, la force même ou la puissance d'agir » Leibniz, *Animadversiones*, art. 64, dans *Opuscules philosophiques choisis*, Paris, Vrin, 1969, p. 76-77.

2. Leibniz, *Discours de Métaphysique*, § 17-18, dans *Discours de Métaphysique et Correspondance avec Arnaud*, éd. Ch. Leduc, Paris, Vrin, 2016.

3. Leibniz, *Principes de la nature et de la grâce*, § 8, Paris, GF-Flammarion, 1996, p. 228-229.

Newton réhabilite la notion de « principe » : « Il est nécessaire que le Mouvement soit conservé et renouvelé par des Principes actifs, tels que sont la Cause de la gravité qui fait que les planètes et les Comètes conservent leur mouvement dans leur Orbes et que le mouvement des Corps augmente si fort en tombant »[1]. Et Newton de préciser : « Je ne considère pas ces Principes comme des qualités occultes [...], la vérité de ces Principes se montrant à nous par les Phénomènes, quoiqu'on n'en ait pas encore découvert les causes »[2]. Il parle bien ici de causes inconnues d'effets connus : si la cause de la gravité n'est pas encore découverte, elle doit bien exister. Les forces ne sont pas seulement des entités mathématiques : il faut chercher « derrière » celles-ci des êtres physiques, des forces opératives. Ainsi, Newton est loin d'exclure le réalisme causal : « Toute la difficulté de la philosophie paraît consister à trouver les forces qu'emploie la nature »[3]. Pourtant, de fil en aiguille, Newton finit par adosser la physique à une théologie : « L'œuvre principale de la philosophie naturelle est [...] de déduire les causes des effets jusqu'à ce que l'on parvienne à la première cause elle-même, qui certainement n'est pas mécanique »[4]. Paradoxalement, en s'en remettant à une Première cause, indépendante de toute autre cause et donc souveraine, cette théologie réduit la densité ontologique des phénomènes physiques. La théologie de Newton nous ramène à une ontologie déflationniste : il faudrait admettre que sans l'action constante d'un Dieu omniprésent et omnipotent, le monde ne saurait demeurer dans l'être[5].

---

1. Newton, *Traité de l'Optique*, trad. De Coste, 1722, Question 31, p. 482-485.

2. *Ibid.*

3. Newton, *Philosophiae naturalis principia mathematica*, Avant-propos, p. xx, trad. Marquise du Châtelet, Paris, Dunod, 2005.

4. Newton, *Traité de l'Optique*, *op. cit.*, *Query* 28, p. 402.

5. *Ibid.*, p. 343 *sq.*

Ici encore, la recherche de la cause ultime reconduit aux antinomies inutiles de la *metaphysica specialis* et se retourne contre l'ontologie générale qui, reconnaissant l'existence du réel-possible, permet de penser la dynamique autonome des choses du monde[1]. Celles-ci possèdent effectivement leur propre dynamique interne : ce ne sont pas simplement des objets passifs obéissant aveuglément aux commandements d'un Dieu[2]. En ce sens, ce sont les lois qui dépendent de la nature dispositionnelle des propriétés des choses et non les propriétés des lois : celles-ci présentent un caractère « épiphénoménal »[3] et les propriétés restent les « vérifacteurs » des lois. Mais que ces potentialités puissent s'articuler sur des lois prouve que le possible-réel n'est pas une simple potentialité arbitraire. Se réclamant de Duns Scot[4], Peirce précise le statut du possible-réel : « Il faut distinguer entre la simple "potentialité" et – le réalisme du vague interdisant le nécessitarisme strict – la nécessité conditionnelle »[5]. Comme l'a souligné Claudine Tiercelin, les « possibles-réels » renvoient à un « réalisme dispositionnel » : les propriétés fondamentales des choses sont de part en part dispositionnelles, tout en présentant des régularités prévisibles. Le dispositionnel se caractérise par la réalité de capacités, de puissances réelles, de propensions[6].

1. « Le possible réel est ce qui est reçu par une puissance réelle, comme une puissance inhérente à quelque chose », Duns Scot, *Ordinatio*, I, d. 2, p. 2, q. 1-4, dans *Opera Omnia*, Rome, *Civitas Vaticana*, 1950, II, p. 282.

2. *Cf.* B. Ellis, *Scientific Essentialism*, Cambridge, Cambridge University Press, 2001

3. *Cf.* A. Bird, *Nature's Metaphysics : Laws and Properties*, Oxford, Clarendon Press, 2007, p. 47.

4. *Cf.* C. Tiercelin, *C. S. Peirce et le pragmatisme*, chap. 1, Paris, P.U.F., 1993.

5. C.S. Peirce, *Collected Papers*, *op. cit.*, 1.427.

6. *Cf.* K. Popper : « Les propensions, comme les forces d'attraction newtoniennes, sont invisibles, mais comme ces dernières, elles peuvent

Tout corps physique se définit par des pouvoirs comme la solubilité, la malléabilité, la solidité... Un fusible ne désigne pas seulement un objet aux traits bien circonscrits, mais justement une capacité à fondre. Mais ces dispositions sont moins inhérentes à des objets qu'à des situations : tout déterminisme mécanique strict est donc mis en échec et la nature probabiliste des phénomènes s'impose. Les pouvoirs causaux conditionnels des choses ou des êtres sont en même temps liés aux propriétés relationnelles constituant la texture du réel : ils ne s'exercent que dans certaines circonstances, en raison de différentes interactions contextualisées, soumises aux probabilités. La réalité s'avère être un entrelacs, une trame qui rend possible que se trame quelque chose, que surviennent ou émergent des phénomènes nouveaux. En ce sens, une métaphysique réaliste vise bien un « ciment des choses » [1], mais ce « ciment » ne scelle jamais définitivement l'ordre des choses.

agir : elles sont effectives, elles sont réelles. Nous voici donc amenés à attribuer une certaine sorte de réalité à de pures possibilités » *Un univers de propensions*, trad. A. Boyer, Combas, Éditions de L'éclat, 1992, p. 40.

1. C. Tiercelin, *Le Ciment des choses*, Paris, Ithaque, 2011.

CHAPITRE IV

DE LA CRITIQUE PARTIELLE
À LA CRITIQUE RADICALE
DE LA MÉTAPHYSIQUE

La réponse à la question « Qu'est-ce que la réalité ? » ne peut être qu'à la fois scientifique et métaphysique. Dès lors, si la métaphysique se montre indispensable pour saisir les soubassements du réel, il reste à comprendre comment elle a pu être l'objet de critiques acerbes, voire remise en question dans sa légitimité. Or, ces critiques perdent beaucoup de leur crédit en raison de leurs positions souvent contradictoires : soit elles font le procès de la prétention métaphysique à se constituer en science ; soit elles lui reprochent, au contraire, ses liens trop étroits avec les sciences. En outre, la critique de la métaphysique se veut tantôt partielle, tantôt radicale.

LES CONSÉQUENCES DE LA RÉVOLUTION
COPERNICIENNE EN MÉTAPHYSIQUE

Le criticisme kantien a sonné la fin du dogmatisme en métaphysique, sans pour autant opérer son rejet total. En effectuant une révolution copernicienne en métaphysique, le philosophe de Koenigsberg n'a pourtant fait que reprendre la notion de transcendantal de la philosophie scolastique, mais en lui faisant cependant subir un infléchissement majeur : le transcendantal ne renvoie plus ici aux propriétés de l'*ens commune* comme chez Duns Scot, mais désigne les formes aussi bien de la sensibilité que de l'entendement par lesquelles le sujet humain, en tant qu'*ego* transcendantal, synthétise la connaissance. Le transcendantal n'est plus ici considéré comme inhérent à l'être, mais plutôt au sujet cognitif. De plus, Kant ne délégitime pas le rôle de la métaphysique, mais prétend lui faire subir un déplacement de la connaissance vers la morale et fonder ainsi une métaphysique des mœurs. Ce déplacement prend source au cœur même de la première *Critique*, notamment dans la *Dialectique transcendantale* qui analyse les illusions de la raison pure théorique. Concernant les questions de cosmologie rationnelle, Kant examine les antinomies entre l'approche faite par les règles de l'entendement et celle effectuée du point de vue de la raison, comme faculté des principes. Or, la troisième antinomie amorce le passage de la métaphysique spéculative à la métaphysique des mœurs. Du point de vue de l'entendement, la réalité phénoménale peut sembler soumise à un déterminisme strict : parler de liberté apparaît alors illusoire. Mais la réalité phénoménale ne constitue pas la réalité absolue, puisque lui échappe la chose en soi[1] : à la causalité naturelle mécanique, Kant oppose la causalité intelligible ou *causa sui*, comme pouvoir de s'arracher au déterminisme et « de commencer une série d'événements tout à fait de soi-même »[2]. L'homme possèderait donc une double mondanéité : à la fois phénoménale et nouménale. Ici, Kant se limite à montrer que la nature ne contredit pas la causalité intelligible et fait de la liberté une idée problématique régulatrice. Le passage de la métaphysique spéculative à la métaphysique des mœurs se cristallise quand il affirme, dans la *Critique de la raison*

---

1. Kant, *Critique de la raison pure, op. cit.*, I, p. 1171.
2. *Ibid.*, p. 1169.

pratique, que « la liberté est aussi la seule de toutes les idées de la raison spéculative dont nous *connaissons (wissen) a priori* la possibilité, sans toutefois la comprendre, parce qu'elle est la condition de la loi morale que nous connaissons »[1]. Nous passons ici d'une idée problématique à une assertion, par le biais de la conscience de la loi morale reconnue comme « fait de la raison » : *Faktum der Vernunft*[2]. Pour la première fois, Kant affirme que la raison pure pourrait se manifester sous forme d'un fait, dans le for intérieur de chacun. Aussi, l'impératif catégorique est alors considéré comme la « *ratio cognoscendi* » de la liberté et celle-ci réciproquement comme sa « *ratio essendi* »[3]. Nous faisons l'expérience de la loi morale qui exprime la voix de la raison : son respect inconditionnel est censé nous faire passer du libre arbitre à la liberté comme auto-nomie[4]. Ce « fait de la raison » est néanmoins paradoxal, puisqu'il n'est en rien empirique : en le nommant *Faktum*, Kant se garde bien de le confondre avec les faits empiriques (*Tatsachen*). Il n'est rien d'autre que le fait de la raison comme « devoir-être », c'est-à-dire un fait qui n'en est pas un ! Ici, le fossé se creuse entre ce qui est et ce qui doit être, entre le phénoménal et le nouménal : ceci explique les apories de sa métaphysique des mœurs. En exigeant la pureté des intentions dans l'accomplissement du devoir, Kant récuse toute instanciation empirique possible de la loi morale. Cette exigence en reste à un tel formalisme et rigorisme que cette morale apparaît impraticable. Kant

1. Kant, *Critique de la Raison pratique*, *op. cit.*, II, 1985, p. 610.

2. *Ibid.*, p. 644-645.

3. *Cf.* note de Kant, dans *Critique de la raison pratique*, *op. cit.*, p. 610. Dans la *Critique de la faculté de juger*, § 91, il précise à propos de l'Idée de liberté : « C'est entre toutes les Idées de la raison pure la seule dont l'objet soit un fait et qui doive être comptée parmi les *scibilia* », trad. A. Philonenko, Paris, Vrin, 1965, p. 272.

4. *Cf.* Kant, *Métaphysique des mœurs*, Introduction, trad. A. Philonenko, Paris, Vrin, 1971, p. 100-101.

en convient lui-même : « Un gouffre immense *(eine unübersehbare Kluft)* existe entre le domaine du concept de la nature, en tant que sensible, et le domaine du concept de la liberté, en tant que suprasensible » [1]. La *Critique de la faculté de juger* s'emploiera à tenter d'établir entre les deux un « passage », par le biais des jugements réfléchissants esthétiques et téléologiques.

Pourtant, cette aporie persistante s'annonçait déjà au cœur de l'analyse des conditions transcendantales de la connaissance, dès la *Critique de la raison pure*. Un hiatus taraudait la possibilité de la synthèse effectuée par l'entendement pour produire une connaissance. Kant parlait alors d'une « difficulté » : « Comment des conditions sub-jectives de la pensée pourraient avoir une valeur objective, c'est-à-dire fournir les conditions de la possibilité de toute connaissance des objets ? » [2]. D'où une hypothèse cauchemardesque : « Les phénomènes pourraient bien à la rigueur être de telle nature que l'entendement ne les trouvât point du tout conformes aux conditions de son unité, et que tout fût dans une telle confusion que, par exemple, dans la série des phénomènes, rien ne s'offrît, qui fournit une règle de la synthèse » [3]. Kant poursuivait : « Si le cinabre était tantôt rouge, tantôt noir, tantôt léger, tantôt lourd, si un homme se transformait tantôt en une figure animale, tantôt en une autre, si dans un long jour la campagne était couverte tantôt de fruits, tantôt de glace et de neige, mon imagination empirique ne pourrait jamais trouver dans la pensée le lourd cinabre avec la représentation de la couleur rouge ; ou si un certain mot était attribué tantôt à une chose et tantôt à une autre, ou encore si la même chose était appelée tantôt

---

1. Kant, *Critique de la faculté de juger*, Introduction, *op. cit.*, II, p. 929.
2. Kant, *Critique de la Raison pure*, *op. cit.*, I, p. 846.
3. *Ibid.*, p. 846-847.

ainsi, tantôt autrement, sans qu'il y ait là quelque règle à laquelle les phénomènes soient déjà soumis par eux-mêmes, aucune synthèse empirique de la reproduction ne pourrait avoir lieu »[1]. Il est remarquable de voir Kant mettre ici en parallèle l'ordre des phénomènes et l'ordre du discours : le sens que peut recéler ce dernier est bien tributaire d'une règle à laquelle les phénomènes soient préalablement soumis. Les limites du constructivisme kantien se précisent : il faut bien que la réalité phénoménale se prête à la grille d'intelligibilité fournie par l'entendement. Même si les catégories ne sont plus ici celles de l'être, mais celles de l'entendement humain, elles présupposent néanmoins une certaine constance dans les phénomènes. Après avoir insisté sur le fait que la connaissance requiert des formes transcendantales par lesquelles le sujet humain appréhende et organise l'expérience, Kant reconnaît la nécessité de poser un transcendantal objectif et jette les bases d'un réalisme transcendantal : la matière de la connaissance doit présenter une sorte de pré-ordre objectif. Kant retrouve donc ici les problèmes de la *metaphysica generalis*, c'est-à-dire de l'ontologie. Le *nexus* de l'être comme phénoménalité ne se réduit pas au *nexus* causal dont l'entendement est porteur. Ainsi, la solution transcendantale au problème de la connaissance ne se trouve pas dans l'*Analytique transcendantale des concepts* qui déduit les catégories de l'entendement, mais dans l'*Analytique des principes*[2] qui renoue avec une doctrine ontologique des principes et traite de l'application des catégories au réel empirique. Comme le montrent les *Analogies de l'expérience*[3], les principes dynamiques vont au-delà du principe de non-contradiction. Ici, l'événement du réel ne dépend plus simplement de nous,

1. *Ibid.*, p. 1407-1408.
2. *Ibid.*, p. 879-969.
3. *Ibid.*, p. 914-948.

mais c'est nous qui en sommes tributaires. Sans retourner à un dogmatisme métaphysique, l'objectivité du réel phénoménal relève d'une nouvelle philosophie première qui s'enquiert de ses soubassements[1] : ce qui demeure dans le temps (la substance); ce qui change (la causalité); ce qui se montre en interaction (l'action réciproque). Dans la première analogie, Kant reconnaît que la connaissance objective doit nécessairement présupposer une substance, au sein même de la réalité phénoménale, c'est-à-dire un substrat temporel, support des changements : une « matière première » perdurable modifiable. La seconde analogie traite de la temporalité objective, c'est-à-dire de la succession temporelle et causale dans la *Wirklichkeit*. Si la causalité est d'abord une catégorie, une règle *a priori*, celle-ci ne peut être purement logique : elle ne s'applique que dans le temps et donc relève nécessairement de l'existence (*Dasein*) d'un objet sensible. Le divers sensible devient *Wirklichkeit*, objectivement réel, lorsqu'il trouve sa place dans le temps objectif, c'est-à-dire dans le monde. La prise en compte de la dimension ontologique de la série causale se confond ici entièrement avec celle d'une temporalité objective. D'où la distinction que Kant établit entre un « ordre du temps » objectif et un « cours du temps » subjectif. Quant à la troisième analogie, elle montre comment l'action causale réciproque est présupposée comme condition d'une communauté relationnelle : un monde est un tout qui ne tient ensemble que par l'interdépendance de ses parties, c'est-à-dire par un *nexus* transcendantal. Kant développe donc une ontologie critique de la réalité phénoménale. Il ne s'est pas contenté de faire le procès de la métaphysique spéculative (*metaphysica specialis*), mais a bel et bien renouvelé la *métaphysica generalis* comme ontologie. Cependant, il

---

1. *Cf.* M. Puech, *Kant et la causalité*, Paris, Vrin, 1990, p. 369 *sq.*

a cantonné celle-ci au statut de simple propédeutique à la métaphysique : « L'ontologie est cette science (formant une partie de la métaphysique) qui constitue un système de tous les concepts d'entendement et des principes, mais seulement dans la mesure où ils se rapportent à des objets qui peuvent être donnés aux sens et par conséquent justifiés par l'expérience. Elle ne touche pas au suprasensible qui est pourtant la fin ultime de la métaphysique ; donc elle ne fait partie de cette dernière qu'à titre de propédeutique [...], et elle est nommée philosophie transcendantale parce qu'elle contient les conditions et les premiers éléments de toute notre connaissance *a priori* » [1]. En explorant davantage cette voie, Kant aurait pourtant pu éviter de se heurter au même hiatus abrupt entre le devoir-être et l'être, en envisageant – à la manière de Donald Davidson – une conception de la conduite morale qui concilie le fait que les agents appartiennent au monde de la nature et puissent néanmoins être soumis à des règles de rationalité normatives.

LA CRITIQUE HEIDEGGERIENNE DE LA RÉIFICATION DE L'ÊTRE DANS LA MÉTAPHYSIQUE CLASSIQUE

Le procès de la métaphysique classique prend un tour plus radical chez Heidegger : celle-ci aurait entretenu la confusion de l'Être et de l'étant, en liant son sort à celui de la science. La connaissance scientifique réduit l'étant à n'être qu'une chose posée devant soi, manipulable (*Das Vorhandensein*) : « Le réel se montre désormais comme ob-jet (*Gegenstand*) » [2]. Le travers de la science serait de réduire la question de l'Être, en l'arraisonnant comme

1. Kant, *Les Progrès de la métaphysique en Allemagne*, *op. cit.*, p. 10-11.
2. Heidegger, « Science et méditation », dans *Essais et conférences*, trad. A. Préau, Paris, Tel-Gallimard, 1990, p. 57.

chose objectivée [1]. Dans *Sein und Zeit*, Heidegger étudie le passage à l'énoncé « apophantique » [2] : il consiste alors à prendre du recul par rapport à l'appréhension habituelle que nous avons des choses, pour faire voir (*apophansis*) la chose dans son objectivité stricte. La science fait la théorie du réel en le soumettant au « lit de Procuste » de l'entendement rationnel. Ainsi, la physique dénature la nature en l'objectivant dans des lois : « Même lorsque le domaine d'objets de la physique forme une unité fermée, cette objectité ne peut jamais embrasser la plénitude d'être de la nature. La représentation scientifique ne peut jamais encercler l'être de la nature, parce que l'objectité de la nature n'est, dès le début, qu'*une* manière dont la nature se met en évidence » [3]. En tant que *phûsis* – du grec *phûeïn* qui signifie naître, éclore, croître, s'épanouir –, la nature est l'apparaître s'épanouissant : « Que dit le mot *phûsis* ? Il dit ce qui s'épanouit soi-même (par exemple : l'épanouissement d'une rose), le fait de se déployer, de faire son apparition, de se tenir dans cet apparaître et d'y demeurer [...]. La *phûsis* est l'être même, grâce auquel seulement l'étant devient observable » [4]. Or, la métaphysique participerait de la même entreprise réductrice que commettent les sciences. Elle s'est fourvoyée très tôt en transformant la question de l'Être en la recherche d'une sorte de super-étant, appelé *ousia* : la substance présentée comme le noyau dur du réel. Heidegger reproche à la métaphysique classique d'avoir réifié l'Être : ce processus aurait été inauguré par Platon en privilégiant

---

1. « La science s'assure du réel dans son objectité », *Heidegger, Science et méditation, op. cit.*, p. 62.

2. Heidegger, *Être et Temps*, § 33, trad. E. Martineau, Paris, Authentica, 1985, p. 125-128.

3. *Ibid.*, p. 70.

4. Heidegger, *Introduction à la métaphysique*, trad. G. Kahn, Paris, Gallimard, 1967, p. 26-27.

derrière l'apparence des choses, leur Idée-Forme (*Eidos*) ou essence. À la conception de la vérité comme présence de l'Être – telle qu'on la trouve dans le *Poème* de Parménide –, Platon aurait alors substitué une conception de la vérité comme *Logos*, conformité du discours avec l'essence des choses[1]. Ce passage d'une théorie de la vérité de l'Être à une théorie de la vérité sur l'Être, par le biais du discours logique, a été accentué par Aristote : l'affadissement de la question de l'être a conduit alors à réduire celui-ci au rôle de copule dans la proségorie. Mais cette réification de l'Être culmine également avec l'ontothéologie en quête d'un *summum ens* ou dans le tour de passe-passe du principe de raison suffisante qui présuppose l'être comme chose et prétend rechercher ensuite la raison d'être de ce « quelque chose », comme le révèle la formule : « *Pourquoi y a-t-il quelque chose plutôt que rien?* »[2]. Suspendre la question de l'Être à celle d'une hyper-ousia ou substance éminente – fût-elle le Bien ou Dieu lui-même – relèverait donc d'une imposture.

L'interrogation célèbre de Leibniz apparaît biaisée, aux yeux de Heidegger : la vraie question de l'Être porte sur le « *Il y a* », et plus particulièrement sur le *Y* indéterminé du « *Il y a* », c'est-à-dire sur l'Être avant même qu'il soit représenté comme chose. La métaphysique classique a opéré le rabattement de la différence ontologique de l'Être et de l'étant. À la différence de l'ontique, l'Être est Événement d'Être, prototype de tous les événements, surgissement de ce qui advient et débordant toujours les contours bien définis des choses. Aussi, ou bien l'étant est perçu comme une

1. Heidegger, « La doctrine de Platon sur la vérité », dans *Questions I et II*, Paris, Tel-Gallimard, 1990, p. 423-469. *Cf.* également p. 159-172.

2. « La rose est sans pourquoi, elle fleurit parce qu'elle fleurit », Angelus Silesius, *Le Pèlerin chérubinique I*, Paris, Payot-Rivages, 2014, p. 289.

chose quelconque qui est ; ou bien l'étant comme participe présent indique la déhiscence qui le taraude : il ne cesse d'être « en train d'être ». Tout étant est en proie à l'aventure de l'Être primordial. De là toute chose provient, non pas au sens d'une conséquence de causes, mais au sens où elle ne doit son existence qu'à une donation primordiale dont elle peut toujours témoigner, malgré tous les efforts pour n'en faire qu'un être-sous-la-main. La métaphysique classique a prétendu dompter la sauvagerie de l'Être en entretenant l'indifférence ontique entre l'Être et l'étant. Or, la différence ontologique révèle que l'*Esse* authentique est un *Posse* qui se tient résolument dans l'Ouvert : « Par tous ses yeux la créature voit l'Ouvert. Seuls nos yeux sont comme invertis [...] tels des pièges qui cernent sa libre sortie »[1]. L'Être ne doit plus être pensé à titre d'*ousia*, de substance fixe et stable, mais de transitivité instable qui défie toute définition et tout jugement catégorial. Accueillir l'Être authentique, c'est entrevoir le « Il y a » proto-ontique, le *Es gibt* comme pédoncule de l'étant et de son anthèse. À la vérité comme *Logos*, Heidegger substitue la vérité comme *Aletheia*, dévoilement, expérience anté-catégoriale. Car l'Être est bien un rien, mais un rien d'étant : un méontique, puisque l'Être de l'étant n'est pas lui-même un étant[2]. En réponse à la question Leibnizienne, le soupçon s'installe qu'il y a bien un « rien » qui est en tant que « rien d'étant ». Si la métaphysique se révèle incapable d'accueillir cette sauvagerie de l'Être, seuls l'art et la poésie pourraient exprimer l'apprésentation de l'être, la vérité comme

---

1. R.M. Rilke, *Élégies de Duino*, VIII, trad. J.-P. Lefebvre et M. Regnaut, Paris, Gallimard, 1994, p. 89.
2. « L'Être ne se laisse pas comme l'étant représenter et produire objectivement. Cet autre pur et simple de tout étant est le non-étant. Mais ce rien déploie son essence comme l'Être », Heidegger, « Qu'est-ce que la métaphysique ? », dans *Questions I et II*, *op. cit.*, p. 76.

authenticité[1]. Rompant avec la représentation scénique de la nature, Cézanne en témoignerait : « Ce que j'essaie de vous traduire est plus mystérieux, s'enchevêtre aux racines mêmes de l'être »[2]. Ou comme le dit Maldiney : « C'est avec l'art que commence la révélation du Rien, parce qu'avec lui seulement commence l'Ouvert »[3]. Le caractère méontique de l'art culminerait dans l'art abstrait : Kandinsky ne fait-il pas l'éloge de « la peinture sans objet (*Gegenstandlose Malerei*) »[4] ?

En réponse à la tentation de la transcendance toujours présente dans l'ontothéologie, Heidegger insiste sur le pli (*die Zwiefalt*) de l'Être et de l'étant[5] : même si différence il y a, l'étant n'est jamais sans l'être, ni l'être sans l'étant. Mais en privilégiant une conception antéprédicative de la vérité, Heidegger s'expose aux dérives mystiques. En voulant faire craquer la peau des choses, il induit des effets de dé-réalisation. Lui-même jette un doute sur ce « pli » : « La garde de l'être n'est jamais fascinée par les choses existantes. Jamais en celles-ci, prises pour elles-mêmes, un appel de l'être ne sera entendu »[6]. Cette distension de l'Être et de l'étant porte en elle les risques d'une démondéisation, d'ailleurs revendiquée par Maldiney[7]. Cette dérive mystique se cristallise encore lorsque Heidegger parle de

1. Heidegger, « L'origine de l'œuvre d'art », dans *Chemins qui ne mènent nulle part*, trad. F. Fédier, Paris, Gallimard, 1980, p. 41.

2. Cité par Merleau-Ponty, *L'Œil et l'esprit*, Paris, Folio-Gallimard, 1991, p. 7.

3. H. Maldiney, *Ouvrir le rien. L'art nu*, La Versanne, Encre marine, 2000, p. 446.

4. Kandinsky, *Réflexions sur l'art abstrait*, Cahiers d'art, 1, 1931.

5. *Cf.* Heidegger, « Moira », dans *Essais et conférences, op. cit.*, p. 279-310.

6. Heidegger, « La Chose, Post-scriptum », dans *Essais et conférences, op. cit.*, p. 219-221.

7. H. Maldiney, *L'art, Éclair de l'Être*, Chambéry, Compact'Act, 2003, p. 13.

l'Être comme Événement (*Ereignis*) [1]. Il ne peut s'agir d'un processus, ni d'une succession, mais d'une sorte d'éclair, d'instant épiphanique, et l'art deviendrait ici le succédané d'une métaphysique impossible. Comme l'avoue Maldiney : « Il faut mettre hors-jeu toute identification objective à quoi mènent les mots » [2]. Pourtant Heidegger avait d'abord puisé chez Duns Scot la thèse selon laquelle le possible est plus haut que l'actuel, c'est-à-dire l'idée d'une réserve d'être en amont de l'étant. Dans sa thèse d'habilitation, il insistait alors sur l'objectivité de ce *Posse* : « Nous saisissons quelque chose d'antérieur à toute détermination de forme catégoriale. L'*Ens* signifie ainsi le sens global de la sphère objective, le point qui se maintient à travers tout ce qu'il y a d'objectif, c'est la catégorie des catégories » [3]. L'être y était présenté comme un transcendantal objectif [4]. Sous influence du *Docteur Subtil*, Heidegger présentait même l'Être comme la condition de toute connaissance objective : « Cet *Ens* appartient aux *maxime scibilia* [...]. L'étant, compris comme *maxime scibile* dans la signification susdite, ne signifie rien d'autre que la condition de possibilité de la connaissance objective » [5]. À cette époque, l'*Ens* lui apparaissait comme la condition même de la connaissance scientifique...

---

1. *Cf.* Heidegger, *Le Principe de raison*, trad. A. Préau, Paris, Tel-Gallimard, 1996, p. 208-209.

2. H. Maldiney, *Ouvrir le rien L'art nu*, *op. cit.*, p. 76.

3. *Cf.* Heidegger, *Traité des catégories et de la signification chez Duns Scot*, trad. F. Gaboriau, Paris, Gallimard, 1970, p. 47.

4. « Un *Transcendens* est ce qui n'a au-dessus de soi aucune catégorie dans laquelle il pourrait être compris [...]. Ce caractère d'ultimité de l'*Ens* comme objectivité en général est l'essentiel d'un *Transcendens* » Heidegger, *Traité des catégories*, *op. cit.*, p 48.

5. *Ibid.*, p. 48.

LA CRITIQUE RADICALE DE LA MÉTAPHYSIQUE
PAR LE POSITIVISME LOGIQUE

Le positivisme d'Auguste Comte défendait le phénoménisme légal, mais faisait encore de la métaphysique un passage obligé entre l'état théologique et l'état positif. En revanche, le positivisme logique du Cercle de Vienne effectue une critique totale de la métaphysique[1]. Son objectif est de réaliser une clarification et une unification logique de la science, de manière à exclure toute ambiguïté et rejeter hors du discours scientifique tout concept et toute proposition « métaphysique ». Clarifier la science, c'est d'abord considérer qu'il n'y a de scientifique que ce qui peut être exprimé sous une forme logique et qu'une proposition n'a de signification que si elle est réductible à des jugements élémentaires d'expérience : des jugements atomiques de perceptions, des descriptions protocolaires d'observations. Ainsi le discours scientifique ne serait affaire que de déductions logiques arrimées à des constats empiriques. La science ainsi définie aurait le monopole de la signification et de l'objectivité : il s'agit d'établir un système axiomatisé qui ne serait que la forme logique explicitée de l'univers empirique observable. Ainsi, serait exclu comme « métaphysique » tout relent de « réalisme » qui concéderait aux « choses » une épaisseur ontologique propre. Clarifier ce qu'est la scientificité, c'est ici l'assigner à l'unidimensionnalité d'un univers qui en resterait à la surface de notre perception sensible.

Il s'agirait donc de pourchasser toutes les constructions théoriques artificielles et inutiles, pour garantir une connaissance à la fois rigoureuse du point de vue sémantique et objective du point de vue expérimental. Cette volonté

---

1. *Cf.* R. Carnap, H. Hahn, O. Neurath, M. Schlick, F. Waissman, *Manifeste du Cercle de Vienne et autres écrits*, Paris, Vrin, 2010.

d'éradication se cristallise chez Carnap [1] : si nos énoncés ne peuvent avoir de signification que s'ils « supposent pour » quelque chose, c'est-à-dire renvoient à un référent concret, la métaphysique est prise au flagrant délit d'imposture. Cette dernière use de notions qui ne peuvent répondre à aucun critère empirique de vérifiabilité. Il prend l'exemple de la notion de « principe » au sens de fondement : elle prétend signifier que « y procède de x », mais non dans un sens empiriquement constatable, puisque le mot « procéder » ne peut ici renvoyer à une relation de succession temporelle et conditionnée. Il en est de même pour les autres notions métaphysiques : « Dieu », « l'Absolu », « l'Inconditionné », « la Chose-en-soi », « l'Essence », etc. Carnap ironise également sur des expressions comme « Être de l'étant » ou « Non-étant » : « Les énoncés soi-disant métaphysiques qui contiennent de tels mots n'ont pas de sens, ne veulent rien dire ; ce sont de purs simili-énoncés » [2]. Le métaphysicien se livre à la construction théorique d'entités qui transcendent le champ de la science empiriquement fondée. Carnap se gausse des formulations alambiquées qui tournent à l'absurde comme « Le Néant néantit » : comment prétendre soutenir que le néant puisse « produire » quelque chose ? La métaphysique se nourrit de la fausse monnaie de fictions qu'elle érige ensuite en concepts. Elle invente des notions tout comme quelqu'un forgerait arbitrairement un mot comme « babu » et distinguerait, à partir de là, des choses « babues » et d'autres qui ne pourraient l'être. Un tel type de mot n'a aucun sens et les énoncés dans lequel il figure ne peuvent donner lieu à aucune procédure de vérification. La métaphysique se complaît dans la « babitude »...

---

1. R. Carnap, « Le Dépassement de la métaphysique par l'analyse logique du langage », dans *Manifeste du Cercle de Vienne*, *op. cit.*, p. 149-171.

2. R. Carnap, *Le dépassement de la métaphysique*, *op. cit.*, p. 156.

Plus précisément, Carnap pointe les tours de passe-passe de la métaphysique opérés autour du verbe « être » : « La première faute est liée à l'ambiguïté du verbe « être » qui joue tantôt le rôle de copule pour un prédicat ("je suis affamé"), tantôt celui d'indicateur d'existence ("je suis") […]. La deuxième faute tient à la forme du verbe pris dans sa seconde acception, celle de l'existence. Cette forme produit l'illusion d'un prédicat là où il n'y en a pas »[1]. Kant avait déjà soutenu que l'existence ne pouvait avoir un caractère attributif[2] : « *Être* n'est manifestement pas un prédicat réel, c'est-à-dire un concept de quelque chose qui puisse s'ajouter au concept d'une chose. C'est simplement la position d'une chose »[3]. La prétendue « preuve » ontologique de l'existence de Dieu lui apparaissait défaillante, puisque dans le raisonnement qui se veut logique, nous ne sortons jamais de l'idée de Dieu : au bout du compte, nous n'apprenons rien d'autre que Dieu existe *en idée*. Kant stigmatisait le penchant métaphysique à l'inflation de pensée : avec la métaphore des cent thalers, il établissait un parallélisme entre inflation spéculative et économique. Personne ne peut se croire plus riche parce qu'il rajouterait simplement des zéros à son livre de compte[4]. Le métaphysicien dogmatique se paie en monnaie de singe. Seule la logique moderne a été pleinement conséquente sur cette question. Comme le souligne Carnap : « La forme syntaxique dans laquelle elle introduit le signe de l'existence est telle que ce signe ne peut pas se rapporter à des signes d'objets comme peut

---

1. *Ibid.*, p. 163.
2. Sur l'hiatus entre l'existence et le concept chez Kant, cf. *De la différence des régions dans l'espace, L'Unique fondement possible d'une preuve de l'existence de Dieu* et la critique de l'argument ontologique, dans la *Dialectique transcendantale* de la *Critique de la raison pure*.
3. Kant, *Critique de la Raison pure, op. cit.*, p. 1214-1215.
4. *Ibid.*, p. 1215.

le faire un prédicat ». La logique classique qui fait entrer toute proposition dans le schéma « *S est P* » se condamne à traiter l'existence comme un attribut au même titre, par exemple, qu'une qualité. Pour Carnap, grâce à « la notation moderne »[1], l'existence n'est jamais affirmée comme un attribut ou, plus généralement, comme un prédicat de quelque chose, mais toujours affirmée de quelque chose caractérisée par un attribut. Ainsi, l'existence ne s'exprime plus par un signe de fonction *f(x)*, mais toujours par un signe d'opérateur ($\exists$x). Au lieu de dire *Des cygnes noirs existent* ou *sont existants*, l'expression correcte est plutôt : *Il y a des cygnes noirs*. La forme impersonnelle du verbe indique qu'il doit être entendu comme un opérateur initial, signifiant que la fonction « ... *est un cygne noir* » est satisfaite. Mais toute proposition existentielle comporte une variable liée et est donc une proposition générale. Affirmer la simple existence d'un individu serait ne rien dire, mais en rester à une sorte d'hébétude devant un singulier absolument indéterminé : il faut donc introduire un concept qui précise à quelque degré ce qu'est cet individu, en lui attribuant un prédicat général. Pour indiquer l'existence, la syntaxe logique implique de l'exprimer par la formule ($\exists$x) *f(x)*, signifiant que, parmi la totalité des choses ou des individus, il y en a au moins une ou un qui satisfait à la fonction *f*, censée symboliser telle ou telle fonction prédicative regardée comme caractéristique de cette chose ou individu. À partir de ce rappel, Carnap se livre à une cruelle critique des hypostases de la métaphysique, tel le *Cogito ergo sum* de Descartes. En affirmant « *je suis* », le verbe « être » est pris au sens de l'existence ; or, l'existence ne peut logiquement être affirmée qu'en liaison avec un prédicat : un énoncé existentiel n'est pas de la forme « *a existe* », mais « *Il existe une chose dont la nature est telle*

---

1. *Cf.* aussi R. Blanché, *Introduction à la logique contemporaine*, Paris, Armand Colin, 1968.

ou telle ». De plus, dans l'expression « *Je pense* » (« *a* a la propriété de P »), on ne peut déduire un énoncé existentiel que relativement au prédicat « pensant » et non relativement au sujet *a*. Comme le remarque Carnap, du « *Je pense* » ne suit pas « *je suis* », mais « *il y a quelque chose qui pense* ». Dès lors, les « simili-énoncés » de la métaphysique ne décrivent pas des états de choses, mais expriment au mieux des intuitions, des états d'âme ressentis par l'homme. Pour Carnap, les énoncés métaphysiques n'ont pas de valeur cognitive, mais ne font qu'exprimer « le sentiment de la vie (*Lebensgefühl*) ». Or, pour exprimer un tel sentiment, l'art s'avère beaucoup plus pertinent [1]. La métaphysique ne serait donc qu'un piètre ersatz : « Les métaphysiciens sont des musiciens sans talent musical » [2].

---

1. *Cf.* le film *Blade Runner* de Ridley Scott comme instanciation exemplaire du thème de la conscience de la mort.
2. Carnap, *Le Dépassement de la métaphysique*, *op. cit.*, p. 168-169.

Chapitre V

LE DÉPLI ONTOLOGIQUE DU SENS

Pour le positivisme logique, seuls les « observables » seraient le critère ultime du réel et des « règles de correspondance » devraient toujours permettre de remplacer les non-observables par des observables, dans un énoncé recourant à des entités « construites ». Pourtant ces entités ont un sens parce qu'une théorie ne se réduit jamais à une simple généralisation de lois empiriques. Ainsi, la question du référent du discours scientifique ne peut se réduire à vouloir s'en tenir à des observables : ce qui est le plus éloigné de l'expérience peut s'avérer avoir aussi le plus de réalité. Nous sommes de nouveau confrontés au problème plus global des implications ontologiques de tout discours. Le rapport à la réalité empirique peut-il se faire directement ou n'implique-t-il pas nécessairement de passer par la médiation d'objets de pensée ? La métaphysique réaliste défriche alors un nouveau champ d'investigation : non plus seulement celui des possibles-réels qui sous-tendent les objets existants actuels, mais aussi celui des entités abstraites, dotées de réalité objective, grâce auxquelles nous accédons à l'expérience. Twardowski a saisi cet horizon nouveau de la métaphysique qu'est celui de l'objet comme *summum genus*, comme concept transcendantal : « On

doit définir la métaphysique comme science des objets en
général »[1].

ONTOLOGIE OU « *TINOLOGIE* »?

Le problème de la sémantique commence avec la
question : « Que signifient les propositions? ». Si un énoncé
signifie quelque chose comme un tout, quel est alors le statut
ontologique de ce quelque chose? Alors qu'un nom propre
est porté par un individu en chair et en os, il n'en est pas
de même du signifié propositionnel – appelé *lekton* par les
Stoïciens – qui est le porteur d'un « état de choses »[2]. Le
lekton est donc l'exprimable, le dicible : linguistiquement,
c'est la signification d'un *logos*; épistémiquement, c'est
la pensée d'un état de choses; ontologiquement, c'est un
incorporel. En ce sens, l'exprimable n'existe pas, au sens
strict, mais « subsiste ». Comme le remarque Frédéric Nef[3],
ce statut ontologique ambigu se retrouve plus tard, à propos
du signifié propositionnel, du *dictum propositionis*. Une
proposition se compose au moins d'un nom et d'un verbe,
mais elle n'est pas le simple reflet d'une telle combinaison
dans le réel. Le rapport entre les mots et les choses s'effectue
par le biais d'un *dictum propositionis*, qui vient s'interposer
entre la proposition et la réalité physique. D'où le problème
de son statut ontologique, tel que le pose Abélard : « Ce
qu'exprime une proposition n'est pas une chose; c'est bien

---

1. K. Twardowski, « Sur la théorie du contenu et de l'objet des
représentations », § 7, 5, dans *Husserl-Twardowski, Sur les objets
intentionnels*, trad. J. English, Paris, Vrin, 1993, p. 124.

2. *Cf.* E. Bréhier, *La Théorie des incorporels dans l'ancien
stoïcisme*, Paris, Vrin, 1989, p. 14-36. Sur le concept d'« état de
choses » (*Sachverhalt*) introduit par Carl Stumpf, dans son cours de
logique de 1888 : *cf.* J. Benoist, *Propositions et états de choses*, Paris,
Vrin, 2006, p. 24.

3. F. Nef, *L'Objet quelconque*, Paris, Vrin, 1998, p. 168.

un objet, mais non un être ; on parlera à son propos de *quasi res* »[1]. Le signifié d'une proposition est un tout structuré, mais qui n'est pourtant pas une chose empirique. Abélard identifie le signifié d'un énoncé avec la proposition infinitive impersonnelle et intemporelle correspondant à ce qui est dit dans l'énoncé : par exemple, « *Socratem esse homo* ». Il ne s'agit alors ni d'un étant, ni d'une simple modification de l'esprit, mais d'un objet idéel. Le problème se retrouve avec la théorie du *complexe significabile* dont on trouve la source dans la distinction opérée par Aristote entre proposition affirmative ou négative et ce qui est sous la proposition : « Ce qui tombe sous la négation ou l'affirmation n'est pas soi-même affirmation et négation, puisque l'affirmation est une proposition affirmative, et la négation une proposition négative, tandis que les termes qui tombent sous l'affirmation et la négation ne sont pas des propositions »[2]. Aristote appelle *pragmata* les signifiés de ces propositions contradictoires : s'agit-il alors de réalités empiriques ou de « quelque chose » de complexe qui n'est pas un étant, tout en n'étant pas rien ? Grégoire de Rimini défend le réalisme du signifié, en distinguant soigneusement la signification des noms de celle des énoncés. Ce qui s'opposerait à cette conception serait une version nominaliste de l'étiquetage sémantique : un nom désignant une chose, un verbe un procès, etc. Mais on ne peut saisir ce qui survient à la chose par simple combinaison opérationnelle de références à des choses particulières dont les éléments de la proposition ne seraient que la stricte réplique : il faut donc admettre un intermédiaire entre signe et réalité, propositions et choses. Toute cette approche sera reprise à nouveaux frais

1. Cité par F. Nef, *L'Objet quelconque, op. cit.*, p. 170.
2. Aristote, *Catégories*, 10, 12b6-10 ; 14b17-24, *op. cit.*, p. 59, p 70.

par Bolzano qui accorde également un statut particulier au *significatum* avec sa théorie des propositions en soi et des objets mathématiques. L'effort de Bolzano consiste, en particulier, à arracher la notion d'infini actuel à la théologie [1]. Descartes, par exemple, s'était confronté à l'idée exorbitante d'infini [2] : elle paraissait pouvoir être entendue (*intelligere*), tout en restant fondamentalement hors du comprendre (*comprehendere*). Avec Bolzano, l'infini actuel devient un objet mathématique comme totalité mathématique achevée, déterminé intrinsèquement par la correspondance bijective entre un ensemble et une de ses parties propres. L'objectivité du concept d'infini est ici indépendante de l'existence de Dieu et l'infinité de Dieu ne devient plus qu'un cas particulier de l'infini comme objet de pensée... Mais l'aboutissement de l'ontologie du *significatum* se trouve chez Meinong qui fait déborder la notion d'« objet », par rapport aux limites de celle d'« étant » : « Il y a des objets dont il est vrai de dire qu'il n'y a pas de tels objets » [3]. Ainsi en est-il des relations, du nombre, etc. : ces objets idéaux sont dotés d'une subsistance, mais non d'une existence. Les figures dont traite la géométrie n'ont pas d'existence, mais leurs propriétés, c'est-à-dire leur être-tel, peuvent indubitablement être établies. Il s'agit bien de distinguer objectité et actualité. À partir de la reconnaissance de ce principe d'indépendance de l'être-tel par rapport à l'être, Meinong fait donc une place

1. *Cf.* B. Bolzano, *Les Paradoxes de l'infini*, § 11-13, trad. H. Sinaceur, Paris, Le Seuil, 1993, p. 65-73.

2. « Encore que l'idée de substance soit en moi, de cela même que je suis une substance, je n'aurais pas néanmoins l'idée d'une substance infinie, moi qui suis un être fini, si elle n'avait pas été mise en moi par quelque substance qui fût véritablement infinie » Descartes, *Méditation III*, *op. cit.*, p. 294.

3. A. Meinong, *Théorie de l'objet et présentation personnelle*, trad. J.-F. Courtine et M. Delaunay, Paris, Vrin, 1999, p. 73.

non seulement aux objets qui n'ont pas une existence de fait (comme une « montagne d'or »), mais aussi à ceux qui ne peuvent exister parce qu'ils sont impossibles (comme le « cercle carré ») : « N'importe quel non-étant doit être en mesure de fournir un objet du moins pour les jugements qui appréhendent ce non-être »[1]. Meinong assume les « êtres-tels » d'objets contradictoires, des *impossibilia*, c'est-à-dire que leur indépendance est affirmée même par rapport au principe de non-contradiction. Twardowski soulevait le même problème : « Même si la montagne d'or n'existe pas, on lui attribue, dans la mesure où elle est objet d'une représentation, ces propriétés [*par ex, le fait d'être spatialement étendue*] et on la met en relation à d'autres objets de représentation, existant peut-être tout aussi peu qu'elle-même. Et cela est également valable pour les objets auxquels on confère des déterminations contradictoires les unes avec les autres »[2]. La représentation a nécessairement son vis-à-vis, son objet, même si celui-ci ne donne pas lieu à une instanciation dans le domaine de ce qui est réel. Un tel objet est toujours quelque chose : *aliquid* ou *etwas*, même s'il s'agit d'un bouc-cerf ou d'un cercle carré. Meinong en tire toutes les conséquences : non seulement il critique la métaphysique traditionnelle qui, voulant penser l'être, n'en est restée qu'à l'étant, prisonnière qu'elle était d'un préjugé en faveur de l'actuel, mais il s'émancipe aussi de l'ontologie de Duns Scot en transgressant le moule du possible logique établi par ce dernier comme critère de l'*ens*. Si l'on doit juger que quelque chose n'est pas, nous sommes dans la nécessité d'appréhender d'abord l'objet pour pouvoir en prédiquer le non-être. Meinong a pu parler ainsi d'un quasi-être (*Quasisein*), voire d'un « hors l'être » (*Aussersein*). Dès lors, la notion même d'ontologie semble dépassée et,

1. A. Meinong, *Théorie de l'objet, op. cit.*, p. 72.
2. K. Twardowski, *Sur la théorie du contenu, op. cit.*, p. 116.

comme le préconise Jean-François Courtine[1], il serait alors préférable de parler de « tinologie », puisque nous avons affaire ici à des objets qui ne sont pas des étants, mais qui sont néanmoins « quelque chose» (« *Ti* » en grec). La notion d'objet est plus universelle que celle de l'être : au sens exact où elle est condition en amont de l'ontologie, du partage de l'être et du non-être. Nous prenons la mesure ici de l'extra-territorialité ontologique de l'objet anhyparxique – l'objet non-existant –, qui englobe aussi les êtres imaginaires, voire contradictoires, au point que Chilsholm les appelle « objets SDF » ou objets apatrides – « *homeless objects* » – : les objets sans abri ontologique.

L'OBJECTIVITÉ DU SENS

Reconnaître une objectivité du sens revient à distinguer radicalement la pensée de la simple représentation. Frege distingue trois domaines : celui de l'expérience sensible, celui des représentations et celui du sens. Dans la réalité empirique s'offrent à nous, dans leur extériorité concrète, les choses perceptibles par les sens. Ces objets empiriques sont publics et bien visibles. En revanche, les représentations correspondent aux états d'âme que l'on peut ressentir à l'occasion de ces choses concrètes. Tel paysage peut inspirer, pour l'un, la tristesse, ou pour l'autre, la joie éprouvée par une impression de liberté. Aussi, les représentations ne font pas partie des réalités du monde extérieur, mais appartiennent aux états de conscience relatifs à chacun et sont incommunicables. Les représentations relèvent toujours d'une expérience privée, subjective et sont invisibles, puisque intimes. Dès lors, si les choses concrètes ont une existence indépendante de nous, il n'en

1. J.-Fr. Courtine, *Présentation* de A. Meinong, *Théorie de l'objet et présentation personnelle*, *op. cit.*, p. 39.

est pas de même des représentations qui nécessairement ont besoin d'un porteur, puisqu'elles ne se trouvent que dans nos états de conscience. La plupart du temps, nous associons à nos perceptions sensibles des représentations qui diffèrent d'un individu à un autre et expriment nos états d'âme, nos émotions, nos désirs... Bien que plusieurs individus puissent voir la même chose, ils n'auront pas alors les mêmes représentations, en raison de connotations différentes qui viennent surinvestir leur perception sensible. Qu'en est-il alors de la pensée ? Comme les représentations, elle est invisible : elle dépasse la réalité empirique ; mais en revanche, elle présente un caractère public et n'a pas nécessairement besoin de porteur. Frege précise : « Il faut admettre un troisième domaine. Ce qu'il enferme s'accorde avec les représentations en ce qu'il ne peut pas être perçu par les sens, mais aussi avec les choses en ce qu'il n'a pas besoin d'un porteur dont il serait le contenu de conscience. Telle est la pensée que nous exprimons avec le théorème de Pythagore, vraie intemporellement, vraie indépendamment du fait que quelqu'un la tienne pour vraie ou non. Elle n'a pas besoin d'un porteur. Elle est vraie non pas depuis l'instant où elle a été découverte, mais comme une planète était déjà en interaction avec d'autres planètes avant qu'on l'ait observée »[1]. Ainsi, si l'on pense une pensée et qu'on la saisit, on ne la crée pourtant pas. Certes, la saisie d'une pensée suppose quelqu'un qui la saisisse[2], mais « la pensée n'est pas la propriété de celui qui pense au même titre que la représentation l'est de celui qui se représente »[3]. La saisie

---

1. G. Frege, « Recherches logiques », dans *Écrits logiques et philosophiques*, trad. C. Imbert Paris, Points-Seuil, 1994, p. 184.

2. Ce « quelqu'un » pourrait très bien être différent d'un être humain, comme l'envisage Frege : cf. *Écrits posthumes*, trad P. de Rouilhan et C. Tiercelin, Paris, J. Chambon, 1994, p. 317.

3. G. Frege, *Écrits posthumes, op. cit.*, p. 150.

d'une pensée peut se faire de manière progressive, comme cela a été le cas pour cerner la pythagoricité intrinsèque du triangle rectangle : bien après Pythagore, Bouligand a permis d'appréhender la logique même de ce « noumène mathématique »[1], en démontrant que le carré n'est qu'une figure entre mille pour illustrer la pythagoricité du triangle rectangle et en mettant au jour la propriété de similitude comme étant la cause rationnelle fondamentale de cette pythagoricité. Ainsi, au-delà de la perception sensible et de la représentation subjective, s'ouvre l'univers objectif du sens : « La dénotation d'un nom propre est l'objet même que nous désignons par ce nom ; la représentation que nous y joignons est entièrement subjective ; entre les deux gît le sens, qui n'est pas subjectif comme l'est la représentation, mais qui n'est pas non plus l'objet lui-même »[2]. Le sens ne présente donc pas de dimension psychologique : en l'expulsant hors de la conscience, Frege opère la dépsychologisation de la pensée. Il convient de distinguer entre ce qui appartient en propre à la pensée et ce qui lui est associé comme « coloration » psychologique : « quand j'emploie le mot "cheval", "coursier", "monture" ou "rosse", cela ne fait aucune différence dans la pensée »[3]. Ainsi, peut-on poser que, malgré la multitude des langues, l'humanité dispose d'un « trésor commun de pensées ». L'homme ne se donne accès au réel empirique que par la médiation du sens : celui-ci est le « mode de donation de l'objet »[4]. Frege recourt à la métaphore de l'observation de la lune grâce au télescope : la lune elle-même constitue alors

1. *Cf.* G. Bachelard, *Le rationalisme appliqué*, Paris, P.U.F., 1966, p. 86-101.

2. G. Frege, « Sens et dénotation », dans *Écrits logiques, op. cit.*, p. 106.

3. G. Frege, *Écrits posthumes, op. cit.*, p. 177.

4. G. Frege, *Sens et dénotation, op. cit.*, p. 103.

la dénotation et l'image rétinienne de l'observateur – avec toute sa surcharge psychologique éventuelle – correspond à la représentation subjective, mais l'image réelle produite dans la lunette par l'objectif équivaut au sens. Cette dernière peut être partielle, puisqu'elle dépend de la façon dont est tournée la lunette, mais elle est objective dans la mesure où elle s'offre indifféremment aux observateurs potentiels. Par sa forme d'indexicalité, un nom propre est censé renvoyer directement à sa dénotation, mais n'a pas encore de sens ; en revanche, une proposition comme « le satellite de la Terre est éclairé par le soleil » renvoie au sens. L'objectivité du sens est tributaire du fait qu'une pensée est nécessairement quelque chose d'articulé : on ne peut décrire la pensée comme une simple combinaison de deux idées. Comme pensée, les idées doivent être articulées selon une certaine forme : elles requièrent un élément structural qui fait d'elles un langage et il en est nécessairement de même pour tout type de réalité qui est toujours constitué d'une articulation complexe de rapports. L'acte de penser n'est pas l'acte de former une représentation de quelque chose, mais l'acte de signifier quelque chose au moyen de signes. Tout rapport à un objet implique une pensée propositionnelle et donc exclut le recours à une intuition quelconque : seule une conscience propositionnelle est une conscience d'objet. Toute conscience d'un objet est conscience propositionnelle de cet objet. Les pensées sont, pour Frege, le pouvoir de nous arracher à nos représentations intérieures, pour nous mettre en présence d'un monde. Mais une proposition peut avoir un sens, sans pour autant de dénotation, comme lorsqu'il est dit qu'« Ulysse fut déposé sur le sol d'Ithaque dans un profond sommeil » ou même lorsque l'on dit « zéro est un nombre» : si l'on veut s'en tenir aux pensées, il est superflu de pousser l'analyse jusqu'à la dénotation et l'on pourrait se contenter du sens. Comme le précise Frege, « C'est donc la recherche et le désir de vérité qui nous poussent à passer du sens à la dénotation »[1]. On peut donc s'en tenir à l'intelligibilité du sens, sans que lui soit associée une valeur de vérité. Ainsi, un être de papier comme Sherlock Holmes n'est pas rien, mais un objet abstrait possible, qui peut être déterminé par un ensemble de propriétés.

DE L'ONTOLOGIE À L'ONTOGENÈSE

L'objectivisme sémantique se présente comme un anti-relativisme, non seulement dans le domaine cognitif, mais aussi dans le domaine des conduites humaines. La notion éthique de valeur n'implique pas nécessairement le subjectivisme, dès le moment où l'on comprend qu'il y a des valeurs en soi, indépendamment des appréciations de chacun. La valeur est d'abord de l'ordre de l'être et n'est pas nécessairement arbitraire. L'étymologie de ce substantif indique déjà une manière d'être liée à la santé, à la vigueur ou force, et que cristallise l'adjectif « valide ». Dans le domaine moral, Max Scheler a montré qu'une véritable hiérarchie axiologique peut être fondée ontologiquement et objectivement[2]. Le critère de la divisibilité apparaît, par exemple, déterminant : Scheler oppose les biens « consommables » aux biens spirituels, au sens où les premiers sont tout à fait divisibles, alors que les seconds sont indivisibles. Un bien matériel peut être divisible et sa valeur de satisfaction en sera réduite proportionnellement : une pomme peut procurer le plaisir de la consommer, mais celui-ci sera lui-même divisé par quatre s'il faut la partager entre quatre personnes. Il n'en est pas de même de la joie que l'on éprouve à écouter une symphonie au concert :

---

1. G. Frege, *Sens et dénotation, op. cit.*, p. 109.
2. *Cf.* M. Scheler, *Le Formalisme en éthique et l'éthique matériale des valeurs*, Paris, Gallimard, 1955.

même si la salle est pleine, le plaisir éprouvé n'est pas pour autant divisé selon le nombre d'auditeurs. L'objectivisme sémantique contribue à favoriser un engagement vis-à-vis de l'objectivité éthique : « La croyance en l'existence de quelque chose comme la justice n'est pas une croyance en l'existence de fantômes, et le "sens de la justice" n'est pas un "sixième sens" »[1]. De même, en art, la valeur esthétique n'est pas nécessairement relative, mais susceptible de correction : on ne peut dire d'une cathédrale gothique qu'elle s'affaisse et murmure, mais plutôt qu'elle s'élance et chante. Comme l'a montré la théorie de la perspective conçue comme scénographie rationnelle, il y a bien un point de vue qui est en même temps un point de vérité. Il est également possible de défendre une théorie ontologique des objets sociaux, dans le domaine du droit, comme a pu l'entreprendre Adolf Reinach[2]. Découvrir qu'il subsiste en surplomb des objets de pensée implique aussi qu'ils favorisent l'action sur le monde et présentent donc une dimension pragmatique : « L'action de l'homme sur l'homme est la plupart du temps médiatisée par des pensées »[3]. Les pensées détiennent une puissance plus grande que celle d'un marteau et cette puissance est libérée par ceux qui les pensent et les saisissent. Cette efficience des pensées ne s'expérimente pas seulement dans le domaine politique et historique, mais est aussi la clef de l'invention technique. Paradoxalement, c'est parce que nous découvrons une autonomie du royaume des pensées vis-à-vis du monde des choses empiriques que la transformation de celles-ci est possible. Parce que les idées ne sont pas le simple reflet de ce qui existe empiriquement, parce qu'elles

1. H. Putnam, *Raison, Vérité et Histoire*, Paris, Minuit, 1984, p. 163. *Cf.* déjà Leibniz, *Le Droit de la raison*, Paris, Vrin, 1994, p. 113.
2. *Cf.* A. Reinach, *Les Fondements a priori du droit civil*, trad. R. de Calan, Paris, Vrin, 2004. Sur l'esprit objectif des lois, *cf.* notre ouvrage *Montesquieu et la liberté*, Paris, Hermann, 2010.
3. G. Frege, *Recherches logiques*, *op. cit.*, p. 194.

le débordent plutôt, elles permettent l'invention, lorsque l'homme les saisit. Ainsi, comme l'a montré Spinoza, il se déploie un domaine autonome de la pensée : « L'idée vraie [...] est quelque chose de différent de son idéat »[1] et s'indique elle-même intrinsèquement comme étant le vrai[2]. L'idée n'est pas comme une « peinture sur un tableau », une simple représentation, mais quelque chose qui pense de soi-même et s'impose par sa nécessité propre, au point de pouvoir prendre corps. Ainsi, il est possible de déduire d'une idée vraie une autre idée vraie, indépendamment de toute référence empirique préalable. Il s'agit donc de reconnaître une spontanéité autonome des pensées, « agissant selon des lois certaines, et comme quelque automate spirituel »[3]. L'idée adéquate exprime la cause productive d'un objet idéel : la définition du cercle comme figure dont tous les points seraient équidistants à partir d'un centre reste purement descriptive et suppose encore un référent externe, alors que la définition adéquate consiste à exprimer en même temps sa cause productive, à savoir que le cercle est cette figure produite par un segment de droite dont une extrémité est fixe et l'autre mobile. Il y a une productivité intrinsèque des idées et de leur enchaînement qui permet d'aller au-delà de ce qui existe déjà : « Si un ouvrier conçoit un ouvrage avec ordre, bien qu'un tel ouvrage n'ait jamais existé, et même ne doive jamais exister, sa pensée n'en est pas moins vraie »[4]. Et Spinoza précise un peu plus loin : « Si nous supposions que l'entendement perçoive un objet nouveau, n'ayant jamais existé [...] et que de cette perception l'entendement

1. Spinoza, *Traité de la Réforme de l'entendement*, § 33, trad. B. Rousset, Paris, Vrin, 2014, p. 59.
2. Spinoza, *« Verum index sui et falsi » Lettre 76 à Burgh*, trad. C. Appuhn, Paris, Garnier-Flammarion, 1966, p. 343.
3. Spinoza, *Traité de la Réforme de l'entendement, op. cit.*, § 85, p. 107.
4. *Ibid.*, § 69, p. 89.

déduise légitimement d'autres pensées, celles-ci seraient toutes vraies et ne seraient déterminées par aucun objet extérieur ». Cette puissance de la pensée vraie ne relève pas d'une performance personnelle, mais du seul fait « que nous sommes une partie d'un être pensant » [1]. Cette problématique se retrouve en écho chez Gilbert Simondon, à propos de l'invention technique qu'il fait résulter de cette « fonction du nouveau ». La réalité technique est le résultat d'une résolution de problème, au cours de laquelle la cohérence de la pensée s'instancie ensuite dans l'auto-corrélation de l'artefact inventé. Ainsi, Simondon définit l'objet technique comme « ce dont il y a genèse par concrétisation » [2]. Comme l'art, la technique implique une force ontologisante : Simondon parle, à ce propos, « d'une surabondance d'être qui a lieu » [3]. Parce qu'il y a une objectivité des pensées qui déborde l'existant actuel, l'homme qui s'en empare se dote alors d'un « faire instaurateur ». Dès lors, la critique heideggerienne de la technique a commis une erreur fatale en se plaçant exclusivement du point de vue de l'usager, du consommateur. Heidegger a manqué radicalement ce qui fait la spécificité de l'objet technique qui est d'être une invention : loin d'être source d'aliénation, sa genèse concrétisante est bien plutôt un « trajet d'existence ». Ainsi, la technique tout autant que la nature témoigne d'un jeu des possibles et d'une puissance ontogénétique. Simondon retrouve ici un thème central de la métaphysique générale : « Le potentiel est une des formes du réel, aussi complètement que l'actuel » [4].

1. Spinoza, *Traité de la Réforme de l'entendement, op. cit.*, § 73, p. 95.

2. G. Simondon, *Du Mode d'existence des objets techniques*, Paris, Aubier, chap. 1, 1989, p. 19-49.

3. G. Simondon, *L'invention des techniques. Cours et conférences*, Paris, Le Seuil, 2005, p. 291.

4. Simondon, *Du Mode d'existence des objets techniques, op. cit.*, p. 155.

L'OBJET DE LA MÉTAPHYSIQUE

Les avatars de la métaphysique chevauchent ceux de la vérité. Selon sa définition traditionnelle comme adéquation de l'intellect et de la chose (*adaequatio rei et intellectus*), la vérité de jugement n'est possible que fondée sur la vérité de la chose. Cette définition ouvre alors une voie royale à la métaphysique, puisqu'il s'agit nécessairement de s'interroger sur ce qu'est fondamentalement la chose vraie. Toute la problématique antique de l'essence ou de la substance s'y retrouve. Le judéo-christianisme ne fait qu'accentuer encore cette quête et la métaphysique ne semble alors trouver son accomplissement que dans la théologie, en posant Dieu comme principe ultime. Si les choses créées ont été ordonnées en étant conformes à l'idée que Dieu s'en fait, l'*intellectus humanus* ne peut que rechercher, dans ses jugements, l'adéquation du conçu et de la chose considérée dans son essence. La vérité comme adéquation des choses créées à l'intellect divin est la garantie de la vérité comme adéquation de l'intellect humain aux choses. Mais cette conception dogmatique de la vérité a été ébranlée par la révolution du sujet qui lui a fait subir un renversement salutaire : l'ordre du monde est alors considéré comme l'ordination possible de tous les objets par un entendement universel qui impose ses critères au réel et garantit son intelligibilité en le soumettant à une *mathesis universalis.* Le retournement effectué par Descartes consiste à déduire du seul *cogito* [1] les principes de la métaphysique, puis de la physique. Cette conception de la vérité suspendue aux capacités cognitives d'un *ego* transcendantal a trouvé son point d'orgue dans la révolution copernicienne opérée par Kant en métaphysique. La révolution du sujet a donc substitué à l'axe « *intellectus-res* » sur lequel reposait initialement l'enjeu de la vérité un nouvel axe articulé autour du rapport « *sujet-objet* ».

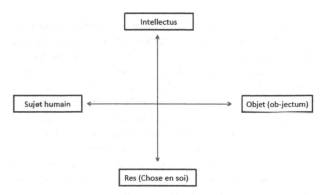

Mais la métaphysique ne peut plus alors prétendre connaître le fond ultime des choses, puisque toute connaissance semble nécessairement tributaire des capacités cognitives d'un sujet – fût-il point d'appui archimédien ou *ego* transcendantal. Bien plus, la science elle-même ne peut plus apparaître, chez Kant, que comme une croyance – certes bien mieux assurée que l'opinion ou la foi –, un

---

1. « J'ai pris l'être ou l'existence de cette pensée pour le premier principe duquel j'ai déduit très clairement les suivants », Descartes, *Lettre-Préface* aux *Principes*, *op. cit.*, p. 563.

« tenir-pour-vrai » : *das Für-warh-alten*[1]. Ce renoncement critique à la prétention de détenir la vérité absolue a favorisé un renversement plus radical encore : le passage des métaphysiques de la transcendance aux métaphysiques de l'immanence.

Par métaphysique de l'immanence, il faut entendre ici l'inversion radicale de la métaphysique platonicienne. La problématique nietzschéenne a consisté à radicaliser l'héritage des métaphysiques du sujet en mettant l'accent sur le fait que tout énoncé prétendument vrai relève nécessairement d'un porteur qui exprime sa toute-puissance à travers ce qu'il « tient » pour être le vrai[2] : tout énoncé reste tributaire de la force performative d'un énonciateur. Les notions de substance ou d'essence ne seraient donc que de pures fictions exprimant le besoin chez l'homme de créer de toutes pièces des formes et de les imposer, de faire rentrer le devenir dans le lit de Procuste des catégories. Connaître serait nécessairement schématiser, réduire de force à l'identique ce qui est toujours mouvant et divers : « Tout concept surgit de la postulation de l'identité du non-identique »[3]. Nietzsche renvoie dos à dos le métaphysicien dogmatique qui, comme théologien, prétend se placer du point de vue de Dieu, et le métaphysicien du sujet qui pose la pure conscience comme point de départ incontournable. La force assertorique avec laquelle le diseur de vérité prétend asséner ses propositions s'enracinerait dans un en deçà de la conscience, constitué par nos terminaisons nerveuses et exprimant une volonté de puissance : « Il faut

---

1. *Cf.* Kant, *Critique de la Raison pure, op. cit.*, I, p. 1376-1377.

2. Cité par J. Granier, *Vie et vérité : Textes choisis de Nietzsche*, Paris, P.U.F., 1990, p. 159.

3. Nietzsche, *Vérité et mensonge au sens extra-moral*, trad. M. Delaunay et M. Haar, Paris, Gallimard, 2009, p. 13.

ramener ce qu'on appelle l'instinct de la connaissance à un instinct d'appropriation et de conquête »[1]. Derrière la connaissance se tapit ce qui lui est opaque : l'intellect est au service des instincts. La connaissance vraie serait donc un mensonge : d'abord parce qu'elle fausse la réalité en la simplifiant ; ensuite parce que se joue en elle tout autre chose que le rapport d'un sujet à un objet[2]. Derrière la violence du connaître s'exprime une volonté nihiliste qui s'avance masquée sous les oripeaux du théologien et du scientifique. À la vérité propositionnelle comme adéquation de l'intellect et de l'être, s'opposerait alors l'expression authentique d'une volonté de puissance créatrice, qui culminerait dans l'art. Dès lors, en instruisant le procès du langage, Nietzsche célèbre « l'homme intuitif »[3]. La même propension à s'en remettre à l'intuition se trouve également dans la métaphysique de l'élan vital, chez Bergson : « Est relative la connaissance symbolique par concepts préexistants qui va du fixe au mouvant, mais non la connaissance intuitive qui s'installe dans le mouvant et adopte la vie même des choses »[4]. Mais ce recours à l'intuition qui hante les métaphysiques de l'immanence se heurte, au bout du compte, aux mêmes apories que l'intuition suprasensible des métaphysiques de la transcendance, c'est-à-dire à la démission vis-à-vis du discours rationnel et à l'impasse de l'incommunicabilité[5].

1. J. Granier, *Vie et vérité*, *op. cit.*, p. 158.

2. *Cf.* M. Foucault, *Leçon sur la volonté de savoir*, Paris, Le Seuil, 2011, p. 195-215.

3. Nietzsche, *Vérité et mensonge*, *op. cit.*, p. 23-25.

4. Bergson, *La Pensée et le mouvant*, Paris, P.U.F., 1993, p. 216.

5. La littérature est peut-être mieux à même d'exprimer ce que suggèrent ces métaphysiques de l'immanence : « Tout au fond de chacun d'entre nous est inscrit un *Grund* qui est la cause permanente de nos actes, qui est le sol sur lequel croît notre destin. J'essaie de saisir chez chacun de mes personnages son *Grund* », M. Kundera, *L'Immortalité*, Paris, Gallimard, 1990, p. 285.

À l'opposé, il faut distinguer les métaphysiques du transcendantal qui visent les conditions de possibilité de connaissance et d'existence d'objets en soi, sans les confondre ni avec des substances, ni avec de simples représentations d'objets empiriques. Duns Scot a donné ses lettres de noblesse à cette *metaphysica generalis* qui s'en tient à l'étude de l'*ens commune*. Les transcendantaux ne sont ici ni des catégories, ni des genres, sans pour autant avoir un mode d'existence non réel[1]. Ainsi, le vocable *res* ne peut être réservé simplement à ce qui est effectif, mais s'applique aussi à l'*ens rationis*. Paradoxalement, alors qu'il avait mis l'accent sur le rôle majeur du sujet connaissant, Kant a lui-même contribué à approfondir les bases d'une philosophie transcendantale des objets, en prenant acte de la résistance de ce sur quoi s'appliquent les formes subjectives *a priori* de la connaissance. Ainsi, il en vient à distinguer un « en soi transcendant » correspondant classiquement à ce qui est appelé « chose en soi » et un « en soi transcendantal » qui, en tant que source de notre représentation sensible, constitue le substrat de l'objet connu. Il se refuse à confondre les objets possibles de l'entendement avec les objets donnés comme phénomènes : « Quand nous appelons certains objets, en tant que phénomènes, êtres des sens, en distinguant la manière dont nous les intuitionnons de leur nature en soi, il est déjà dans notre idée d'opposer en quelque sorte à ces phénomènes [...] d'autres choses possibles, qui ne sont nullement des objets de nos sens, à titre d'objets pensés seulement par l'entendement »[2]. Kant se réapproprie l'ontologie des transcendantaux de Duns Scot en affirmant que « l'objet est toujours quelque chose de général (*Etwas über haupt*) » et l'appelle « Chose en

---

1. *Cf.* O. Boulnois, dans Duns Scot, *Sur la connaissance de Dieu, op. cit.*, p. 17.
2. Kant, *Critique de la Raison pure, op. cit.*, I, p. 981.

général (*Ding überhaupt*) »[1]. Il précise encore : « L'objet, auquel je rapporte le phénomène en général, est l'objet transcendantal, c'est-à-dire la pensée tout à fait indéterminée de quelque chose en général. Cet objet ne peut s'appeler le noumène ; car je ne sais pas de lui ce qu'il est en soi [...]. Je ne puis le penser au moyen d'aucune catégorie »[2]. Tout en distinguant *Gegenstand* et *Objekt*, Kant met l'accent avec cette dernière notion sur son extériorité au sujet, comme le terme irréductible d'un rapport : ce qui est posé là contre (*was davider ist*)[3], ayant statut de réquisit ontologique pour la connaissance. Ainsi, il fait de la notion d'objet le concept le plus élevé de toute sa philosophie transcendantale : « Il faut qu'un concept plus élevé encore soit indiqué pris de manière problématique, et sans décider qu'il est quelque chose ou rien »[4]. L'audace de Kant est alors de partir de ce concept primordial pour décliner les degrés de différence entre le quelque chose et le rien. Nous passons alors d'une théorie de la réalité à une théorie de l'objectivité. Ce statut de l'objet ne se réduit ni à celui du phénomène ni à celui du noumène, puisque tout en échappant à la connaissance empirique, il se situe pourtant aux confins du connaissable : la « table du rien »[5], chez Kant, englobe aussi bien l'*ens rationis* que l'*ens imaginarium*, tout comme Meinong intègre également les objets contradictoires ou imaginaires dans le monde des objets « *homeless* ». C'est toujours en amont de

1. Kant, *Reflexionen*, n° 5927, XVIII, 389, éd. de l'Académie de Berlin ; cf. *Réflexions métaphysiques 1780-1789*, trad. S. Grapotte, Paris, Vrin, 2011. Voir également *Critique de la Raison Pure*, *op. cit.*, p. 1303 : « Le seul concept qui représente *a priori* ce contenu empirique des phénomènes, c'est le concept de la *chose* en général ».

2. *Kant, Critique de la Raison pure*, *op. cit.*, p. 980-981, note.

3. *Ibid.*, p. 1410.

4. *Ibid.*, p. 1010.

5. *Ibid.*, p. 1011.

la réalité actuelle que se situe la condition transcendantale du connaissable scientifique. La problématique des objets idéaux renforce la thèse fregéenne qu'au-delà de la recherche

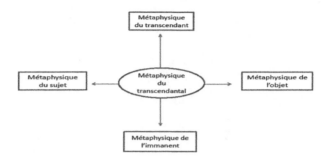

de la vérité, le sens est la condition même d'accès au réel et que ce sens détient une objectivité en surplomb. Ainsi, la métaphysique est loin d'être un discours sans objet.

Or, cet objectivisme sémantique n'est pas seulement la clé de la connaissance, mais aussi de l'action. Parce que leur situation en amont leur fait déborder le donné immédiat, les objets de pensée peuvent avoir, grâce à leur instanciation, une efficience bien plus grande que celle de n'importe quel levier matériel sur la réalité effective. En réalité, ils constituent le véritable point d'appui archimédien pour toute prise sur le donné empirique. C'est pourquoi nous avons insisté sur la dimension pragmatique de la métaphysique de ces objets de pensée, qui disposent d'une réelle force ontologisante.

la réalité actuelle que se situe la condition transcendantale [...] de connaissance, se ramifie et la problématique des objets [...] kantienne donne lieu à se transformer en dela de la matérialité [...]

TEXTE ET COMMENTAIRE

TEXTE 1

MORITZ SCHLICK

Le vécu, la connaissance, la métaphysique[1].

Gorgias, le grand nihiliste, a affirmé que, même s'il y avait connaissance, nous ne pourrions la communiquer. Il a tort, car il appartient à l'essence de la connaissance de devoir être communicable. Est communicable ce qui peut être formulé d'une manière ou d'une autre, c'est-à-dire exprimé au moyen de symboles quels qu'ils soient, mots du langage ou autres signes. Mais toute connaissance consiste en ce qu'un objet, l'objet à connaître, est ramené à d'autres objets, aux objets au moyen desquels il est connu ; et cela s'exprime par le fait que l'objet connu est désigné à l'aide des mêmes concepts qui ont déjà été coordonnés (*zugeordnet*) à ces autres objets. Est donc caractéristique de l'essence de la connaissance précisément cette relation symbolique de désignation, de coordination, laquelle est toujours d'emblée expression, représentation symbolique. La connaissance est donc le communicable kat' ξοχῆν (par excellence), toute connaissance est communicable et tout communicable est connaissance.

1. M. Schlick, « Le vécu, la connaissance, la métaphysique » dans *Manifeste du Cercle de Vienne*, Paris, Vrin, 2010, p. 175-176.

Qu'est-ce qui n'est pas communicable? Quand je vois une surface rouge, je ne peux dire à personne en quoi consiste l'expérience vécue du rouge (*Erlebnis der Rot*). Aucune description ne peut fournir à l'aveugle de naissance une représentation du contenu d'un vécu de couleur. À qui n'a jamais ressenti de plaisir, aucune connaissance n'enseignera jamais ce dont on a le vécu (*erlebt*) quand on a l'expérience vécue du plaisir. Et qui l'a une fois vécu, puis oublié sans être en mesure de le ressentir à nouveau, les notes que lui-même aura pu prendre ne le lui diront jamais. Il en va de même, tous l'accordent immédiatement, de toutes les qualités qui inaugurent comme contenu du courant de conscience. Elles ne sont reconnues qu'à travers une expérience vécue immédiate. Nous les appréhendons tout simplement, et le contenu de l'appréhension (*Kennen*) ne peut être transmis par aucune connaissance (*Erkenntnis*); on ne peut l'exprimer, le communiquer. L'opposition entre « appréhender » et « connaître », que j'ai coutume de pointer avec tant d'insistance, coïncide avec l'opposition entre non-communicable et communicable.

On accorde généralement que la question portant sur un rouge dont j'ai l'expérience vécue et un rouge dont un autre a l'expérience vécue (lorsque par exemple nous observons le même objet rouge), que cette question ne comporte tout simplement pas de réponse. Il n'existe pas de méthode, et il n'y en a pas de pensable, pour comparer les deux rouges, et la question ne peut être tranchée. La question n'a donc pas de sens assignable, je ne peux expliquer ce que je veux dire au juste quand je soutiens que deux individus différents ont un même vécu qualitatif. On peut se demander si de telles questions, qui n'admettent par principe aucune réponse, doivent être décrites elles-mêmes comme privées de sens; ou bien s'il faut dire qu'elles ont un sens, mais que, seulement, nous ne pouvons l'indiquer. Quelque parti qu'on choisisse, il serait en tout cas vain de soulever de telles questions en science ou en philosophie, car il est certainement vain de questionner quand on sait qu'on ne peut recevoir de réponse.

Au nombre de ces questions, se pose celle de savoir si, dans l'exemple que nous avons donné, autrui a jamais l'expérience vécue de la couleur, s'il a *jamais* la *moindre* expérience vécue, s'il a une conscience. En d'autres termes, la question de l'existence du moi des autres. Au nombre de ces questions ensuite, celle de l'« existence » d'un monde extérieur absolument parlant. Ce qu'est proprement l'existence, ou le réel, ne se laisse pas formuler conceptuellement ni exprimer avec des mots. Bien entendu, on peut donner des critères au moyen desquels distinguer, dans la science et dans la vie, entre ce qui « existe réellement » et la simple « apparence », mais la question qui porte sur la réalité du monde extérieur contient, comme on dit, bien plus. Pourtant ce qu'est proprement ce « plus », ce qu'on veut dire quand on attribue l'existence au monde extérieur, est en tout cas totalement inexprimable. Nous n'avons rien contre le fait d'attacher un sens à une telle question, mais nous devons affirmer avec la plus grande insistance que ce sens ne peut être indiqué.

Nous trouvons cependant que les philosophes n'ont cessé de se préoccuper de problèmes de ce genre, et nous affirmons que le sens profond de telles questions coïncide parfaitement avec ce qu'on a eu coutume d'entendre de tout temps sous le terme de métaphysique. Ces questions surgissent lorsqu'on prend à tort ce qui ne peut être que le contenu d'une appréhension (*Kennen*) pour le contenu possible d'une connaissance (*Erkenntnis*), c'est-à-dire lorsqu'on tente de communiquer ce qui par principe n'est pas communicable, d'exprimer ce qui n'est pas exprimable.

CONNAÎTRE OU « APPRÉHENDER » ?

Paru en 1926, ce texte de Moritz Schlick constitue le proto-programme de ce qui allait devenir le Cercle de Vienne. L'auteur établit une distinction fondamentale entre « appréhender » et « connaître ». L'appréhension correspond au ressenti que nous éprouvons à l'occasion de la rencontre avec quelque être : elle est de l'ordre de l'expérience vécue immédiate. Aussi n'est-elle pas communicable, exprimable dans un langage. L'expérience vécue de la couleur reste profondément intime et jamais rien n'assurera que l'expérience vécue d'un rouge par l'un sera identique à celle d'un autre, même s'il s'agit du même objet rouge. Chaque expérience vécue apparaît donc unique et ineffable. Il n'est même pas possible d'assurer, à ce niveau, que cet autre a bien une expérience vécue de la couleur, voire une existence tout court. En revanche, « connaître » consiste à établir des rapports symboliques entre des objets et à « sursumer » un objet par les mêmes concepts qui servent à caractériser d'autres objets du même type. Parce qu'elle est toujours représentation symbolique, la connaissance serait de l'ordre du communicable. Pour Schlick, la connaissance s'en tient à l'établissement de relations strictement formelles et les contenus propres de chaque expérience vécue échappent à toute explication possible. Ainsi, la relation « entre », par exemple, ne renvoie ni à une essence, ni à une nature, mais désigne toujours un certain type de rapport. Si le vécu est toujours un contenu singulier appréhendé par l'intuition, le connaître consiste à établir des rapports constants et formalisables.

Moritz Schlick prend résolument ici le parti du phénoménisme légal que le positivisme logique poussera jusqu'à ses conséquences ultimes. La réalité profonde des choses n'aurait pas à être objet des sciences et celles-ci se limitent à des assertions strictement relationnelles. Le moindre jugement pourvu de sens nous fait basculer dans le formel, car le mot même de « rouge » ne peut exprimer ce qui est vécu lorsqu'on regarde une surface rouge : ce mot conventionnel n'a aucune affinité de contenu avec le vécu du rouge. Il n'exprime qu'une relation formelle selon laquelle tous les objets que nous qualifions de rouges sont reliés les uns aux autres : il n'est en rien plus pertinent que le concept de fréquence de longueur d'onde que le physicien utilise pour désigner cette couleur. Or, si la connaissance du monde n'est pas identique à l'expérience vécue du monde, ce n'est pas parce que la connaissance a mal rempli sa tâche, mais parce que la tâche spécifique du connaître est tournée vers une tout autre direction que celle du vécu. La nature intime et singulière des choses ne peut être objet de science. L'intensité même de notre expérience vécue n'est peut-être que le corrélat de la limitation de nos capacités cognitives sensorielles[1]. Dès lors, Schlick peut pointer ce qui fait l'impasse de la métaphysique : elle prétend s'ériger en connaissance, alors que toute connaissance porte, par essence, sur des relations, et rien d'autre. La métaphysique

_____

1. *Cf.* l'expérience de pensée des « yeux microscopes » chez John Locke, *Essai sur l'entendement humain*, trad. P. Coste, Paris, Librairie générale française, 2009, p. 477.

prétend à tort ramener ce qui ne peut être que le contenu d'une appréhension au contenu possible d'une connaissance. En un mot, elle s'enferre en prétendant exprimer l'inexprimable.

Moritz Schlick débusque le paradoxe de la définition de la métaphysique : si celle-ci est définie comme une « science du transcendant », alors celle-ci n'est en rien extraordinaire : le moindre énoncé que nous formulons a un sens qui outrepasse déjà ce qui est donné et vécu immédiatement. Par rapport au discours de la langue vernaculaire ou au langage symbolique strictement logique, la métaphysique n'aurait alors aucune originalité à prétendre dépasser le donné immédiat. Mais la métaphysique prétend court-circuiter le langage : Schlick vise ici avant tout la *metaphysica specialis* qui revendique une « soi-disant connaissance intuitive du transcendant ». Or, cette expression apparaît totalement oxymorique : Schlick veut alors remettre sur ses pieds ce type de métaphysique qui marche sur la tête. Car l'intuition est une « appréhension », une expérience vécue et le contenu d'une expérience vécue reste toujours un contenu de conscience. Or, si le prétendu transcendant est un contenu de conscience vécu, cela signifie ni plus ni moins qu'il est, en fait, immanent, et se ramène à une expérience intérieure à la conscience. Même si le métaphysicien arrivait à faire l'expérience d'une telle intuition, la formuler le condamnerait à la trahir. Pour Schlick, il n'y a de projet métaphysique légitime que portant sur l'immanence des contenus appréhendés et vécus par la conscience : ce n'est donc pas par hasard s'il cite Spinoza, Schopenhauer, Nietzsche ou Bergson, pour illustrer cette métaphysique de l'immanence, qui ne serait que l'envers authentique de la métaphysique de la transcendance. En effet, il s'agit pour ces auteurs d'aller en deçà du discours formel accusé de n'être que trahison, voire de s'en remettre à une intuition intropathique. L'imposture serait de poser comme transcendant ce qui ne peut relever que de l'intime immanent. Qu'il soit appelé *conatus*, *vouloir-vivre*, *volonté de puissance* ou *élan vital*, il s'agit toujours d'appréhender un au-delà de la connaissance qui, en fait, ne peut se situer toujours qu'en deçà. Le transcendant devant lequel la *metaphysica specialis* se pâme n'est pas là où elle l'attend, mais – comme ces penseurs de l'immanence l'ont montré – bien en dessous, dans les fibres de notre sève existentielle ! Mais les tréfonds de nos contenus de conscience sont aussi inscrutables que peut l'être un Dieu radicalement transcendant. Aussi, Schlick souligne les contradictions du métaphysicien : « Il confond vivre et connaître et, pris dans cette contradiction, il pourchasse des ombres creuses » [1]. Ces métaphysiques ne servent qu'à évoquer la prétendue richesse de la vie intérieure et, loin d'être apophantique, leur discours est plutôt performatif : il exhorte à l'intensifier davantage. Or, à ce compte, l'art et la poésie seraient bien mieux armés pour exacerber nos vécus. Ainsi, « les philosophèmes métaphysiques sont des poèmes conceptuels » : ils visent, dans ce cas, non pas la connaissance, mais faire vibrer les fibres de notre vie.

Comme pour Carnap, la métaphysique ne servirait donc qu'à susciter le « sentiment de la vie » (*Lebensgefühl*), mais de manière beaucoup moins efficace que l'art. Cependant, l'art lui-même peut-il se réduire à exprimer la vie intérieure de l'artiste ? Schlick semble oublier que l'art est censé se cristalliser dans une œuvre dotée de propriétés physico-phénoménales sur lesquelles surviennent des propriétés esthétiques. Or, celles-ci sont aussi l'instanciation ou l'exemplification de concepts. Dans ses œuvres, l'artiste exprime moins ses états d'âme intimes qu'un langage idiomatique qui n'est autre que le style qu'il invente. En outre, concernant la métaphysique, Schlick fait peu de

---

1. M. Schlick, *Le vécu, la connaissance, la métaphysique, op. cit.*, p. 188.

cas de la métaphysique du transcendantal, occupé qu'il est d'assimiler la métaphysique du transcendant à celle de l'immanent. Dans un texte plus tardif[1], Schlick s'oppose pourtant à une conception purement conventionnaliste de la science et adopte une position beaucoup plus réaliste. Réduire l'objectivité à un simple consensus intersubjectif – à la manière de Thomas Kuhn – conduit encore au relativisme. Le système de propositions dans lequel consiste la science ne peut se présenter comme une description vraie de la réalité que si l'on peut indiquer – dit alors Schlick – des « points de contacts inébranlables entre la connaissance et la réalité ». Ces derniers sont fournis par des constatations qui sont marquées par le recours à des déictiques institutionnels, en vue d'établir indubitablement des faits. Schlick en vient à arrimer la connaissance à des faits dûment établis. Après avoir tant insisté sur le caractère exclusivement formel de la connaissance, il réhabilite ici le recours au donné, sans pour autant sombrer dans un intuitionnisme de « l'appréhension ». Car ces constatations requièrent encore une structure propositionnelle. Ici, Schlick rejoint Frege qui soulignait : « Les lieux, les dates, les périodes sont, pris dans une perspective logique, des objets; il convient donc de constater comme un nom propre la désignation par des moyens linguistiques d'un lieu déterminé, d'un instant ou d'une période déterminés »[2]. Aussi, après avoir développé, dans son texte de 1926[3], une approche caricaturale du travail de l'historien, comme « emblème » des sciences de

1. M. Schlick, « Sur le fondement de la connaissance », dans *L'Âge d'or de l'empirisme logique*, trad. D. Chapuis-Schmitz, Paris, Gallimard, 2006, p. 405-439.

2. G. Frege, *Sens et dénotation, op. cit.*, p. 118.

3. « L'historien a "compris" un événement historique quand il a revécu (*nacherlebt*) les expériences vécues » M. Schlick, *Le vécu, la connaissance, la métaphysique, op. cit.*, p. 179.

l'esprit, Schlick fait ici amende honorable et entame une réhabilitation du statut de ces sciences. En recueillant des dates, des lieux, l'historien désigne les événements comme des objets : ces désignations jouent le rôle de noms propres et valent comme engagement ontologique. Deux ans plus tard, il ira jusqu'à affirmer : « Tous les énoncés authentiques [...] sont toujours quelque chose d'objectif, d'invariant à l'égard des modes de représentations »[1].

---

1. M. Schlick, « Les lois de la nature sont-elles des conventions ? », dans *L'Âge d'or de l'empirisme logique*, *op. cit.*, p. 547

TEXTE 2

KARL POPPER

Une épistémologie sans sujet connaissant[1]

Nous sommes en droit de distinguer les trois mondes ou univers suivants : premièrement, le monde des objets physiques ou des états physiques ; deuxièmement, le monde des états de conscience, ou des états mentaux, ou peut-être des dispositions comportementales à l'action ; et troisièmement, le monde des contenus objectifs de pensée, qui est surtout le monde de la pensée scientifique, de la pensée poétique et des œuvres d'art. Certes ce que j'appelle « le troisième monde » a ainsi beaucoup à voir avec la théorie platonicienne des Formes ou Idées et, par conséquent, aussi avec la théorie hégélienne de l'Esprit Objectif ; mais ma théorie diffère radicalement, sur certains points décisifs, de celles de Platon et de Hegel. Elle a plus à voir encore avec la théorie d'un univers des propositions en soi et des vérités en soi de Bolzano, bien qu'elle en diffère également. Ce qui ressemble de plus près à mon troisième monde, c'est l'univers des contenus de pensée objectifs de Frege.

---

1. K. Popper, *Une épistémologie sans sujet connaissant* (Conférence donnée le 25-08-1967, au Troisième Congrès international de Logique, Méthodologie et Philosophie des sciences), dans *La Connaissance objective*, Paris, Aubier, 1991, p. 181-183.

Il n'entre ni dans ma conception ni dans mon argumentation d'interdire de classer nos mondes différemment ou de ne pas les classer du tout. Nous serions en droit, en particulier, de distinguer plus de trois mondes. Mon expression « le troisième monde » n'est qu'une simple affaire de commodité.

En soutenant cette idée d'un troisième monde objectif, mon espoir est de défier ceux que j'appelle les « philosophes de la croyance » : ceux qui, comme Descartes, Locke, Berkeley, Hume, Kant ou Russell, s'intéressent à nos croyances subjectives, et à leur fondement ou à leur origine. À l'encontre de ces philosophes de la croyance, je fais valoir que notre problème est de trouver des théories meilleures et plus audacieuses ; et que ce qui compte, c'est la préférence critique et non pas la croyance.

J'aime mieux cependant vous avouer d'emblée que je suis un réaliste : je prétends, un peu comme un réaliste naïf, qu'il existe des mondes physiques et un monde des états de conscience, et que les deux interagissent. Et je crois qu'il existe un troisième monde, en un sens que je vais expliciter davantage.

Parmi les habitants de mon « troisième monde », il y a plus particulièrement, les systèmes théoriques ; mais il y a des habitants qui sont tout aussi importants, ce sont les problèmes et les situations de problème. Et je montrerai que les habitants les plus importants de ce monde, ce sont les arguments critiques, et ce qu'on peut appeler – par analogie avec un état physique ou un état de conscience – l'état d'une discussion ou l'état d'un échange d'arguments critiques ; et il y a aussi, bien sûr, les contenus des revues, des livres et des bibliothèques.

LE « TROISIÈME MONDE »

Beaucoup connaissent Popper pour la formulation de son principe de falsifiabilité qui vise à montrer les faiblesses du positivisme logique ; moins nombreux sont ceux qui mettent en avant le tournant majeur que Popper assume dans cette conférence, en se déclarant héritier des thèses de Frege et en rendant hommage paradoxalement à la théorie platonicienne des Idées ou à celle de l'Esprit objectif de Hegel. Dans ce texte, Popper reprend presque mot pour mot les pages des *Recherches logiques* où Frege en arrive à affirmer qu'« il faut admettre un troisième domaine ». À côté du monde des états physiques qui s'offre à nous dans son extériorité irréductible et au-delà de la sphère intime des états de conscience qui ont besoin nécessairement d'un porteur, se déploie un troisième monde aussi objectif que le premier, aussi invisible que le second : celui des « *contenus objectifs de pensée* ». Or ce monde en surplomb concerne aussi bien les sciences que les arts.

Ces « *contenus objectifs de pensée* » font partie de ce que Frege appelle le *sens* et déborde largement les référentiels empiriques. Ainsi, il y a du sens à parler d'*Hespérus* et de *Phosphorus*, même si ces expressions renvoient à la même planète Vénus. De même, si *a*, *b*, *c* sont les droites joignant les sommets d'un triangle aux milieux des côtés opposés, le point d'intersection de *a* et de *b* est le même que le point d'intersection de *b* et de *c*. Nous avons ici affaire à plusieurs désignations pour le même point. La pluralité des sens possibles ne s'accompagne pas de références différentes. De même, en sociologie, la conduite d'un homme peut être éclairée d'un point de vue causal, mais aussi bien du point de vue des raisons qu'il avance. Bien plus, il n'est même pas nécessaire que les expressions considérées aient une référence : seul le souci de la vérité scientifique exige que l'on ne se contente pas du sens et que l'on passe du sens à la référence. Pour un artiste, concevoir une lune carrée peut avoir du sens, même si ce n'est pas le cas pour l'astrophysicien. L'univers du sens apparaît bien comme un milieu médian dans lequel l'homme séjourne nécessairement avant d'accéder éventuellement à la référence.

Cet univers du sens ne se réduit pas à un ensemble de représentations subjectives ou intersubjectives : il relève d'un objectivisme des pensées, indépendantes de leurs porteurs éventuels. Dès lors, ces pensées constituent un arc-en-ciel de « problèmes » ou de « situation de problèmes » qui se maintient au-dessus de la cataracte du monde sensible dans lequel nous sommes emportés. Karl Popper reprend ici une distinction fondamentale établie par Frege entre contenu jugeable et contenu jugé, ou entre pensée et jugement. Or, dans la recherche scientifique ou autre, les pensées sont saisies d'abord sous forme d'interrogations plutôt que sous forme d'affirmations. Comme le remarquait Frege : « Les propositions interrogatives et les affirmatives contiennent la même pensée, mais la proposition affirmative contient quelque chose de plus »[1]. Une interrogation présente un sens qui n'est pourtant pas encore un jugement. Il est donc

---

1. G. Frege, *Recherches logiques, op. cit.*, p. 175.

possible de partager des pensées avant de les reconnaître comme vraies ou fausses : « Il faut admettre les pensées au sens proposé, puisque la science fait méthodiquement usage de questions. Il arrive même que le chercheur doive se contenter de poser une question jusqu'à ce qu'il sache y répondre. En formulant la question, il saisit une pensée. Je peux donc dire aussi bien : le chercheur doit parfois se contenter de saisir une pensée » [1]. L'esprit de la recherche implique donc de maintenir fermement la distinction entre le jugeable et le jugé. D'autant que la véracité des pensées n'est pas toujours immédiate : « Il se peut que plusieurs années de recherche séparent la saisie d'une pensée et la reconnaissance de sa vérité » [2]. Ainsi, le traitement – par les artistes de la Renaissance – de la perspective artificielle a pu précéder de deux siècles la découverte du théorème de Desargues : ils renvoient pourtant à la même pensée. L'humanité est donc confrontée à des pensées ou à des problèmes objectifs qui s'imposent à elles et ne sont pas le simple reflet d'un contexte circonstanciel. L'acte de saisie des pensées est un processus mental dont nous sommes porteurs, mais nous ne sommes pas porteurs de la pensée ou du problème lui-même. Le monde des pensées demeure indépendant de nous : il faut différencier le « noyau logique » des pensées de leur « écorce psychologique ». Mais en outre, il faut distinguer l'intelligibilité d'une pensée de son assertabilité. Le sens d'une proposition, autrement dit d'une pensée, peut être intelligible sans qu'on puisse l'asserter, lui associer une valeur de vérité. Dans une astronomie ptolémaïque, la théorie des épicycles articulés sur celle d'une hiérarchie des sphères célestes montre que la thèse géocentrique peut présenter une réelle intelligibilité, à défaut de vérité. La théorie des épicycles est certes une pensée fausse, mais a du

1. *Ibid.*, p. 197.
2. *Ibid.*, p. 205.

sens : une sphère armillaire ne se réduit pas à cette simple image illusoire dans laquelle se complaît la perception empirique du lever et du coucher du soleil. Comme le reconnaît Frege lui-même : « La connaissance de la vérité passe par la saisie d'une pensée fausse » [1]. Une proposition peut avoir du sens, sans être pour autant référentielle. Nous saisissons le contenu de la vérité, avant de le reconnaître comme vrai ; mais alors nous ne saisissons pas seulement ce contenu, mais aussi ses opposés et dans tout questionnement nous hésitons entre des opposés [2].

En reconnaissant un objectivisme sémantique, Popper approfondit sa conception de la recherche scientifique comme jeu de conjectures et de réfutations : « Des idées audacieuses, des anticipations injustifiées et des spéculations constituent notre seul moyen d'interpréter la nature, notre seul outil, notre seul instrument pour la saisir » [3]. La découverte scientifique ne peut reposer ni sur l'induction empirique qui se contente de généraliser à partir d'un certain nombre de cas, ni sur la simple déduction analytique : elle relève de ce que Popper appelle l'abduction, reprenant cette notion de Peirce [4]. L'abduction est cette expérience de pensée qui consiste à passer de connaissances acquises incapables de rendre compte d'un problème à une pensée nouvelle capable d'en rendre compte : elle consiste à supposer un principe qui, s'il est vrai, expliquerait ce qui semblait inexplicable jusqu'alors. L'abduction est une procédure inférentielle, un raisonnement qui pose des entités qui sont, dans l'état

1. G. Frege, *Recherches logiques*, *op. cit.*, p. 198.

2. *Cf.* G. Frege, *Écrits posthumes*, Paris, J. Chambon, 1994, p. 16.

3. K. Popper, *Logique de la découverte scientifique*, Paris, Payot, 1973, p. 286.

4. C.S. Peirce, *Collected Papers*, 7. 202. *Cf.* Les commentaires de J. Chenu, dans *Textes anticartésiens*, Paris, Aubier, 1984, p. 25-35. *Cf.* également C. Tiercelin, *C. S. Peirce et le pragmatisme*, *op. cit.*, p. 94-97.

actuel des connaissances, non susceptibles d'être observées empiriquement. Peirce considérait l'abduction comme un aperçu créatif *(a creative insight)* consistant à effectuer un saut au-dessus des faits pour solutionner un problème; Popper l'assimile plutôt à un processus de découverte d'un monde de pensées dotées de sens qui se situent en surplomb de la réalité empirique, sans se réduire à des représentations subjectives : elles seront susceptibles ensuite d'être soumises à des tests expérimentaux pour les corroborer ou non. Épicure et Lucrèce ont pu être considérés comme les promoteurs de l'abduction, formulant avec audace l'hypothèse du vide, de l'atome et même de l'infinité de l'univers avec l'expérience de pensée du lanceur de javelot, et ce grâce à une « *épibolè tès dianoias* » ou « *injectus animi* ». Mais les expériences de pensée ont aussi bien cours en physique que dans les sciences humaines. L'historien, par exemple, recourt à la contrefactualité pour penser des événements qui ne se sont pas réalisés, mais qui auraient pu se réaliser sous certaines conditions. Prenant la forme d'une phrase conditionnelle sur le mode du « *Si... alors...* », une proposition indique ce qui serait vrai si l'antécédent avait eu lieu. Ainsi, le dépli du monde des « contenus objectifs de pensée » s'ouvre sur des mondes parallèles possibles qui débordent largement le monde actuel. Sous forme de conditionnelles contrefactuelles, l'abduction nous initie au domaine objectif du sens, même si, pour Popper, en dernière instance, l'épreuve du test expérimental permet de venir trier les hypothèses, par infirmation, élimination progressive des théories farfelues.

L'univers du sens impose sa propre résistance au sujet connaissant et possède sa propre autonomie qui est celle des problèmes auxquels l'humanité est tôt ou tard confrontée. Après avoir repris de Peirce le thème de l'abduction, Popper s'est inspiré de cette métaphysique des objets de pensée. Certes, toutes les théories, toutes les propositions conjecturales ne sont pas nécessairement scientifiques : la valeur de sens est distincte de la valeur de vérité. Il peut y avoir du sens à penser la licorne, sans pourtant lui accorder une valeur de vérité. L'expérimentation est donc ce qui, en dernière instance, donne la force assertorique d'affirmer ou de nier. Elle permet de dissocier clairement l'expression d'une pensée de la reconnaissance de sa vérité ou de sa fausseté, même si la vérité scientifique n'est plutôt que vérisimilitude [1], selon une expression que Popper reprend également de Peirce.

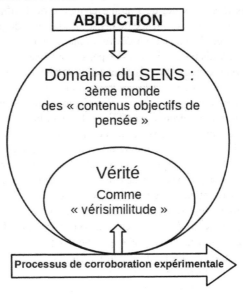

Par rapport à Frege, Popper souligne fermement que, même si les pensées forment un troisième monde, leur pouvoir référentiel n'est pas cependant indépendant du

---

1. K. Popper, *La Connaissance objective*, *op. cit.*, p. 108-119.

fait d'être saisies par quelqu'un. Ainsi, une proposition n'a un sens que si quelqu'un l'asserte, même si ce n'est pas celui qui l'asserte qui lui donne son sens. Si les pensées sont donc extérieures à la conscience, cela ne signifie pourtant pas que le sujet qui les saisit, les argumente et les asserte ne possède aucun rôle sémantique. Il est donc nécessaire de recourir à des pensées indexicales, puisqu'il serait impossible de comprendre ces propositions si on ne savait pas qui les prononce, où et quand il les prononce, dans quelles conditions : tel est, en particulier, le rôle de bibliothèques, mais aussi des dispositifs expérimentaux institués. C'est pourquoi la vérité scientifique reste de l'ordre de la vérisimilitude. La vérité scientifique reste susceptible d'auto-corrections, de rectifications, de refontes, de ré-encadrements successifs. Ainsi, seule la méthode scientifique est susceptible de fournir des connaissances objectives, à la fois parce qu'elle accède au « monde des pensées » par des inférences abductives, mais également parce qu'elle se meut dans un espace public et recourt à l'expérimentation pour nous confronter à la permanence extérieure d'un réel empirique, indépendant de la subjectivité. Telle est la condition du « parler sérieux ».

TABLE DES MATIÈRES

Achevé d'imprimer en juillet 2023
sur les presses de
La Manufacture - Imprimeur – 52200 Langres

Tél. : (33) 325 845 892

N° imprimeur : 230512 - Dépôt légal : octobre 2016
Imprimé en France